PD Dr. med. Rubino Mordasini • Erica Bänziger

Kochen für das Herz

Die guten Fette und Öle

Schweizerische Herzstiftung

FONA

Wir danken der Schweizerischen Herzstiftung, Bern, für ihre Beratung und Unterstützung.

Schweizerische Herzstiftung
Dufourstrasse 30, Postfach 368, 3000 Bern 14
Tel. 031 388 80 80 • Fax 031 388 80 88
info@swissheart.ch • www.swissheart.ch
Herztelefon 0848 443 278, jeden Mittwoch von 17–19 Uhr
Spendenkonto 30-4356-3 • IBAN CH21 0900 0000 3000 4356 3

Redaktioneller Hinweis
Um die Texte nicht schwerfällig zu machen, haben wir vorwiegend die männliche Form gewählt. Sie steht also stellvertretend für die weibliche. Danke für Ihr Verständnis.

Fona Verlag AG, CH-5600 Lenzburg
www.fona.ch

Lektorat
Léonie Schmid

Korrektorat
Susanne Zumsteg

Gestaltung
FonaGrafik

Nährwertberechnungen
Nutri-Science GmbH, D-Hausach

Foodbilder
Andreas Thumm, Freiburg i. Br.

Übrige Bilder
getty images, München (Seiten 12, 13, 31, 47)

Rezepte
Erica Bänziger

Druck Druckerei Uhl, Radolfzell

ISBN 978-3-03780-609-8

Das Buch erschien gleichzeitig in französischer Sprache unter dem Titel «La cuisine pour le cœur – les bonnes huiles et graisses», ISBN 978-3-03780-610-4

Inhalt

Vegetarische Mahlzeiten

Mahlzeiten mit Fisch

Mahlzeiten mit Fleisch

Desserts

Anhang

Abkürzungen

EL	gestrichener Esslöffel
TL	gestrichener Teelöffel
dl	Deziliter
ml	Milliliter
l	Liter
Msp	Messerspitze

Die Nährwerte sind für eine Portion berechnet.

Vorwort

Herz-Kreislauf-Erkrankungen stehen mit rund 40 Prozent der jährlichen Todesfälle an der Spitze der Mortalitätsstatistiken nicht nur in der Schweiz, sondern in allen Industrienationen der Welt. Sie sind aber auch ein sehr häufiger Grund für Arztbesuche und Hospitalisationen und stellen dadurch eine grosse menschliche und volkswirtschaftliche Belastung dar.

Überernährung oder Fehlernährung, Bewegungsmangel und Rauchen tragen zu einer starken Zunahme der Herz-Kreislauf-Krankheiten bei. Aus umfangreichen Untersuchungen wissen wir, dass eine Änderung unserer Verhaltensweise in Bezug auf diese Risikofaktoren wesentliche günstige Auswirkungen auf die Häufigkeit und den Verlauf dieser Erkrankungen hat. Der Verzicht auf das Rauchen, eine regelmässige körperliche Aktivität und vor allem eine gesunde Ernährung bieten grosse Chancen!

Eine Ernährung, die sich an derjenigen der Bevölkerung in Mittelmeerländern orientiert, bedeutet keinerlei Verlust an Lebensqualität und eröffnet positive gesundheitliche Perspektiven: Sie kann ungünstige Blutfette verbessern, den Blutzucker günstig beeinflussen, den Blutdruck senken und zu einem normalen Körpergewicht beitragen. Eine solche Ernährung fördert zugleich das Wohlbefinden und die körperliche sowie die geistige Leistungsfähigkeit. Die Grundlagen dazu sind ein vermehrter Konsum von Früchten und Gemüse, der Einsatz der richtigen Fette und Öle sowie weniger Salz und weniger Zucker in einer ausgewogenen Kost.

Wie kann diese Ernährung in der Praxis aussehen? Unser Kochbuch gibt eine mögliche Antwort, begründet die Auswahl einzelner Nahrungskomponenten und ihren Einfluss auf Blutfette, Blutzucker, Blutdruck und Blutgerinnung. Ich wünsche Ihnen nicht nur eine informative Lektüre und viel Erfolg beim Kochen, sondern vor allem kulinarischen Genuss mit den herzgesunden Rezeptkompositionen, zusammengestellt nach dem Motto «Essen, was das Herz begehrt!».

Prof. Dr. med. Ludwig von Segesser
Präsident der Schweizerischen Herzstiftung

Die Schweizerische Herzstiftung

Schweizerische Herzstiftung

Die Schweizerische Herzstiftung setzt sich dafür ein, dass weniger Menschen an Herz-Kreislauf-Leiden erkranken oder dadurch behindert bleiben, Menschen nicht vorzeitig an einer Herz-Kreislauf-Krankheit sterben und dass für Betroffene das Leben lebenswert bleibt.

Die Schweizerische Herzstiftung hat sich zum Ziel gesetzt, Patienten und die breite Öffentlichkeit über die Risiken für Herz und Kreislauf, die verschiedenen Krankheitsbilder, Diagnoseverfahren und Therapien, Rehabilitation, Präventionsmöglichkeiten und das richtige Verhalten im Notfall aufzuklären. Das Leistungsangebot wird ergänzt durch die persönliche Beratung bei medizinischen Fragen, das Herztelefon und die Internet-Sprechstunde sowie das Gönnermagazin «Herz und Hirnschlag». Daneben unterstützt die Schweizerische Herzstiftung Forschungsprojekte in den Bereichen Herzgefässkrankheiten und Hirnschlag und vergibt jährlich einen Forschungspreis. Mit einem herzgesunden Lebensstil und einer bewussten Ernährung kann jede und jeder Einzelne viel dazu beitragen, dass es erst gar nicht zu einer Erkrankung, einem Herzinfarkt oder Hirnschlag kommt. Ihre Spende hilft, diese Tätigkeiten im Dienst der Betroffenen und der gesamten Bevölkerung fortzuführen. Herzlichen Dank für Ihre Unterstützung!

Spendenkonto PC 30-4356-3
www.swissheart.ch

Lebensstil mit ungesunden Folgen

Der Mensch ist, was er isst. Korrekterweise müsste das Sprichwort aber ergänzt werden; denn nicht nur auf das Was, sondern ebenfalls auf das Wieviel an Kalorien, die wir täglich zu uns nehmen und verbrauchen, kommt es an. In der heutigen Zeit stehen energiereiche Nahrungsmittel, die uns täglich zum Konsumieren verführen, im Überfluss zur Verfügung. Durch unseren heutigen Lebensstil ist leider auch die körperliche Bewegung weitgehend aus unserem Alltag verschwunden.

Immer mehr Menschen haben daher Mühe, ihre Energiebilanz im Gleichgewicht zu halten. Steigende Zahlen übergewichtiger Menschen sind der unübersehbare Beweis für dieses Missverhältnis.

Die wichtigsten aus Bewegungsmangel und Fehl- bzw. Überernährung resultierenden Gesundheitsprobleme sind Übergewicht, Bluthochdruck, Diabetes mellitus Typ 2 (früher: Altersdiabetes) und Störungen der Blutfettwerte. Häufig treten sie als gefährliche Kombination auf, welche auch als «metabolisches Syndrom» bezeichnet wird. Gefährlich deshalb, weil das metabolische Syndrom das Entstehen einer Arteriosklerose begünstigt, welche wiederum die Ursache vieler Herz-Kreislauf-Krankheiten ist. Weitere Risikofaktoren sind das Rauchen, anhaltende seelische Belastungen und Stress sowie Alter, Geschlecht und bestimmte genetische Veranlagungen. Herz-Kreislauf-Erkrankungen sind als Volkskrankheiten nicht nur in den westlichen Zivilisationen, sondern auch in Schwellen- und Entwicklungsländern weit verbreitet. In der Schweiz erleiden schätzungsweise rund 30 000 Personen pro Jahr ein akutes koronares

Ereignis (Herzinfarkt oder Angina pectoris), 16 000 einen Hirnschlag und 8000 einen Herz-Kreislauf-Stillstand. Die belastenden Langzeitfolgen sind nicht nur für den Verlust an Lebensqualität – z.B. durch Einschränkung der Leistungsfähigkeit oder Mobilität –, sondern auch an Lebensjahren verantwortlich. Kardiovaskuläre, d. h. Herz und Gefässe betreffende Erkrankungen sind auch in der Schweiz vor Krebs die häufigste Todesursache. Herz-Kreislauf-Erkrankungen verursachen jährlich Kosten in Millionenhöhe: Sie sind der häufigste Grund für Arztkonsultationen, Spitaleinweisungen und vorzeitige Invalidität. Und jedes fünfte Medikament wird wegen einer Herz-Kreislauf-Krankheit verschrieben.

Arteriosklerose als Grundübel

Die Arteriosklerose ist eine fortschreitende Erkrankung der arteriellen Blutgefässe und die Grunderkrankung einer Reihe schwerer Herz-Kreislauf-Erkrankungen, allen voran Herzinfarkt und Hirnschlag. Weitere sind Angina pectoris (Vorbote eines Herzinfarkts), die periphere arterielle Verschlusskrankheit (Durchblutungsstörungen in den Beinen) und die vaskuläre, durch Durchblutungsstörungen im Gehirn bedingte Demenz.
Die Arteriosklerose entwickelt sich oft lange Zeit stumm. In den Gefässen entstehen Ablagerungen, die man als «Arteriosklerotische Plaques» bezeichnet. Diese bestehen hauptsächlich aus oxidiertem («ranzigem») Cholesterin. Hinzu kommen Wucherungen von Bindegewebe und verschiedenen Zellarten. Durch fortschreitende Verdickung der Plaques kommt es zu einer zunehmenden Verengung der Gefässe. In der Folge kann das Blut nicht mehr ungehindert zirkulieren und es resultieren Durchblutungsstörungen. Kommt es zum Aufbrechen einer solchen Plaque – man macht heute noch nicht völlig entschlüsselte entzündliche Prozesse dafür mitverantwortlich –, entsteht darüber ein lokales Blutgerinnsel, welches das Gefäss ganz oder weitgehend verschliessen kann (siehe Abschnitt «Der Prozess der Arteriosklerose», Seite 14). Der hinter dem Verschluss liegende Bereich des Gewebes erhält dann keinen Sauerstoff mehr und stirbt ab. Je nach Ort des Gefässverschlusses sind entweder das Herz (Herzinfarkt), das Gehirn (Hirnschlag) oder die Beine (arterielle Verschlusskrankheit) betroffen.

Der Prozess der Arteriosklerose

[1] Normale Arterie

Die normale Arterie wird von einem einschichtigen Teppich von Zellen ausgekleidet (Endothel), der über einer Bindegewebe- und Muskelschicht liegt.

[1]

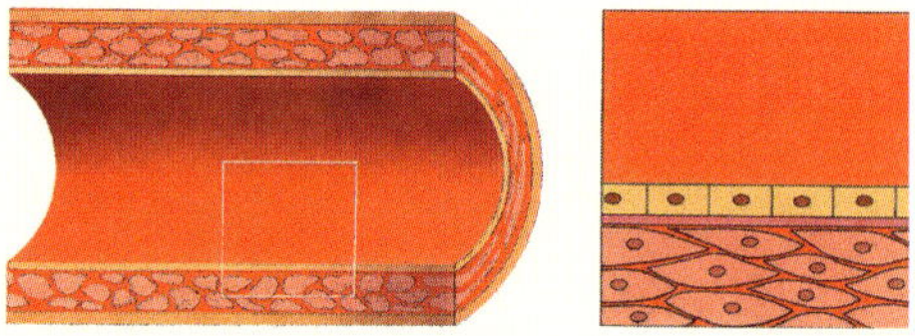

[2] Beginn der Arteriosklerose

Der Beginn der Arteriosklerose äussert sich in Fettablagerungen. Sie sind durch die Einlagerung von oxidiertem LDL-Cholesterin und durch grosse Fresszellen (Makrophagen) unter dem Endothel gekennzeichnet.

[2]

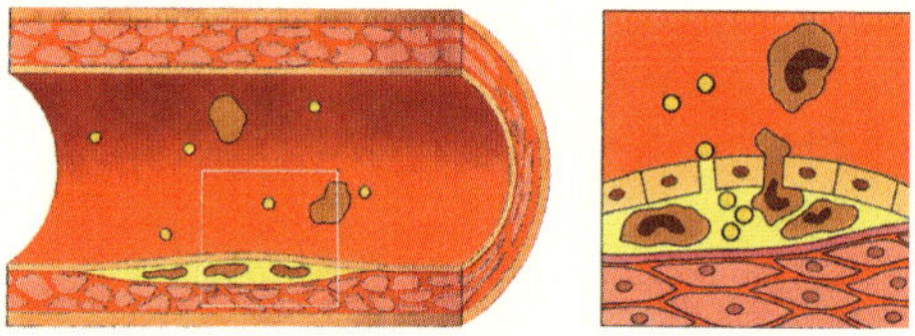

[3] Verengte Arterie (Stenose)

Durch die starke Ansammlung von Cholesterin in den Fresszellen blähen sich diese blasenartig auf und verwandeln sich in Schaumzellen. Zu diesen stossen glatte Muskelzellen sowie Bindegewebszellen und bilden ein Kissen (Plaque), das die Arterie verengt.

[3]

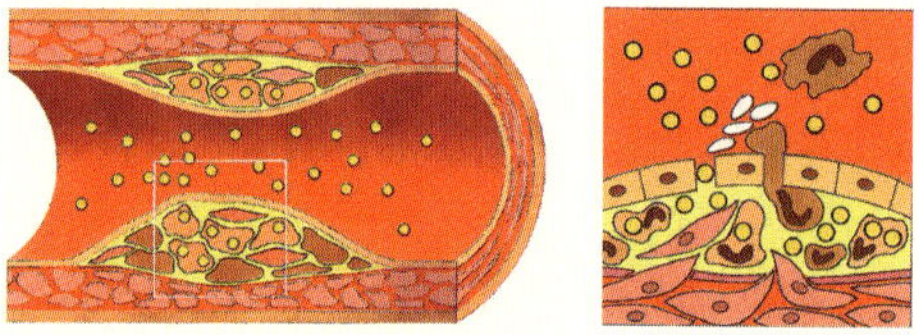

[4] Aufgebrochene Plaque mit Blutgerinnsel (Thrombus)

Bricht eine Plaque auf, wird die Blutgerinnung aktiviert. Blutplättchen und Fibrinfäden lagern sich an der Bruchstelle ab und bilden ein Blutgerinnsel (Thrombus), das die Arterie vollständig verschliessen kann. Je nach Ort des Geschehens ist die Folge ein Herzinfarkt, ein Hirnschlag oder der Verschluss einer Beinarterie.

[4]

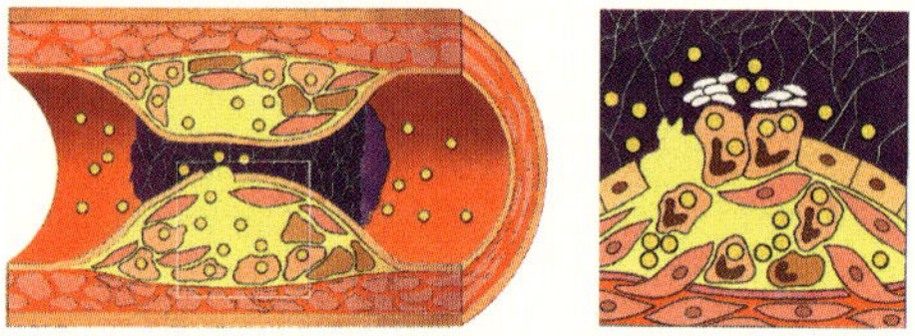

Herzgesunde Lebensweise: Eindämmung von Risikofaktoren als beste Prävention

Ein gesundes Herz ist kein Zufall. Es sind zahlreiche Faktoren bekannt, die zur Entstehung und zum Voranschreiten einer Arteriosklerose sowie deren Folgeerkrankungen beitragen. Diese werden daher auch als kardiovaskuläre Risikofaktoren bezeichnet. Einige können wir nicht beeinflussen, wie etwa das fortschreitende Lebensalter, das Geschlecht und genetische Veranlagungen. Laut Schätzungen der Weltgesundheitsorganisation (WHO) entstehen 80 Prozent der Herz-Kreislauf-Erkrankungen durch Verhaltensweisen, die wir selbst beeinflussen können. Zu diesen gehören Bewegungsmangel, ungünstige Ernährung, Übergewicht, Rauchen oder ein hoher Blutdruck (Tabelle auf Seiten 16 ff).

Viele der kardiovaskulären Risikofaktoren können mit einer bewussten und massvollen Lebensweise weitgehend ausgeschaltet werden. Diese umfasst eine ausgewogene und kalorienbewusste Ernährung, ein möglichst im Normbereich liegendes Körpergewicht, regelmässige Bewegung von Alltagsaktivitäten bis hin zu Ausdauersport, Nikotinverzicht, massvollen Alkoholgenuss sowie ausreichend Schlaf. Zu einer gesunden Lebensweise gehören aber auch eine ausgeglichene Work-Life-Balance, regelmässige Phasen der Entspannung sowie Techniken zur Vermeidung oder zum Abbau von negativem Stress. Von einer herzgesunden Art zu leben profitieren übrigens nicht nur gesunde junge Menschen, sondern auch ältere, die bereits einen Herzinfarkt, einen Hirnschlag oder eine andere Herz-Kreislauf-Erkrankung erlitten haben. Die Fachleute sprechen von Primärprävention (Verhinderung einer Erkrankung) und von Sekundärprävention (Vermeidung von Rückfällen oder Folgekomplikationen). Es ist in keinem Lebensalter zu spät, um an der Reduktion von Risikofaktoren zu «arbeiten». Ihr Herz und Ihre Gefässe danken es Ihnen.

Durch einen gesunden Lebensstil beeinflussbare Risikofaktoren

Blutfettwerte

Normalwerte sind gemäss den kürzlich veröffentlichten Richtlinien der Europäischen Gesellschaft für Kardiologie (ESC) die folgenden:

- Gesamt-Cholesterin	unter 5 mmol/l
- LDL-Cholesterin	unter 3 mmol/l
- Triglyzeride	unter 2 mmol/l

Obwohl diese Werte als normal gelten, sind beim Gesamt- und LDL-Cholesterin tiefere Werte vorteilhaft. Diese bescheren Betroffenen ein kleineres Risiko für Herz-Kreislauf-Krankheiten. Es leuchtet ein, dass bei Personen mit hohem Risiko tiefere Cholesterinwerte anzustreben sind.
Für Menschen mit erhöhtem Risiko für eine Herz-Kreislauf-Krankheit (zum Beispiel Diabetiker oder Menschen, die schon einen Herzinfarkt/Hirnschlag erlitten haben) gelten deutlich tiefere Werte, sogenannte Zielwerte:

LDL-Cholesterin für verschiedene Risikogruppen
- Personen mit mittlerem Risiko: <3 mmol/l
- Personen mit hohem Risiko (z. B. wegen Diabetes oder mehrerer Risikofaktoren): <2,5 mmol/l
- Personen mit sehr hohem Risiko (z. B. wegen bereits bestehender Arteriosklerose): <1,8 mmol/l

Empfohlene Massnahmen

LDL-Cholesterin
- Reduktion der gesättigten Fettsäuren: fettarme Zubereitung, Reduktion von tierischen Fetten, von Kokosfett und Palmöl
- Erhöhung einfach ungesättigter Fettsäuren (Olivenöl, Rapsöl) und mehrfach ungesättigter Fettsäuren
- faserreiche Kost: Hafer, pektinreiche Obstsorten (Äpfel, Birnen, Beeren)

HDL-Cholesterin
- Gewichtsstabilisierung bzw. Gewichtsreduktion bei Übergewicht
- Verzicht auf Rauchen
- mässiges bis intensives Ausdauertraining, Seite 29

Triglyzeride
- Gewichtsstabilisierung bzw. Gewichtsreduktion bei Übergewicht
- Aufteilung der Kalorienzufuhr in 1 Hauptmahlzeit und 2 kleine Mahlzeiten
- Vermeidung von Alkohol
- Einschränkung von Einfach-Zuckern, Süssigkeiten und Nahrungsmitteln mit hoher Zuckerbelastung (inkl.

Beim **HDL-Cholesterin** gilt bei Männern ein Wert von < 1,0 mmol/l und bei Frauen von < 1,2 mmol/l als ungünstig.
Bei den **Triglyzeriden** wird dagegen ein Wert von > 1,7 mmol/l als erhöht angesehen.

exzessivem Verzehr von Früchten wie Trauben, Bananen und Datteln)
- faserreiche Kost, Bevorzugung von Vollkornprodukten
- mässiges bis intensives Ausdauertraining, Seite 29
- bei massiv zu hohen Triglyzeridwerten: Reduktion von Fett und Einfach-Zuckern, vermehrte Zufuhr von Omega-3-Fettsäuren

Diabetes mellitus Typ 2

Der normale Blutzuckerwert liegt im nüchternen Zustand unter 5,6 mmol/l.
Der HbA1C-Wert (Langzeitblutzuckerwert, Anteil des «verzuckerten» Blutfarbstoffs Hämoglobin) liegt bei Gesunden bei 4,5–6,5 %.
Bei Diabetikern sollte der HbA1C-Wert durch eine gute Blutzuckereinstellung <7 % betragen.

- Übergewicht reduzieren
- regelmässige Bewegung
- ausgewogene Ernährung: viel Früchte und Gemüse, Vollkorn, fettarme Eiweissprodukte
- Salzkonsum einschränken
- gesättigte Fette und Alkohol einschränken, kontrollierte Einnahme von Kohlenhydraten, Konsum von Nahrungsfasern erhöhen

Bluthochdruck

Der optimale Blutdruck ist unter 120/80 mm Hg; der in der Praxis gemessene Blutdruck sollte 140 mm Hg für den oberen Wert und 90 mm Hg für den unteren Wert nicht überschreiten, bei Heimmessungen gelten die Werte 135 und 80 mm Hg. Bei Diabetikern und Nierenpatienten sind niedrigere Werte anzustreben.

- Übergewicht reduzieren
- regelmässige Bewegung
- früchte- und gemüsereiche Ernährung
- fettreduzierte Milch(-produkte), wenig (gesättigte) Fette
- Salzkonsum einschränken
- Verzicht auf Rauchen
- Alkoholkonsum einschränken

		Empfohlene Massnahmen
Übergewicht	Der Body-Mass-Index (BMI) sollte zwischen 20 und 25 sein (Seite 24).	- Energiebilanz im Gleichgewicht halten, das heisst, die Kalorienaufnahme dem Energieverbrauch anpassen - Nahrungsmittel mit geringer Energiedichte bevorzugen: früchte- und gemüsereiche Ernährung, Vollkornprodukte - Nahrungsmittel mit hoher Energiedichte meiden, oft fettreich: Kuchen, Kekse, Käse usw.
Rauchen	Je mehr Zigaretten, desto höher ist das Risiko.	- Verzicht auf Rauchen
Bewegungsmangel	Mindestens 150 Minuten pro Woche mässig intensiv oder 75 Minuten intensiv.	- Regelmässige Bewegung. Es muss nicht Sport sein, auch in den Alltag integrierte körperliche Aktivitäten sind wertvoll. Jede körperliche Aktivität ist besser als keine.
Stress	Einen Gradmesser für negativen Stress gibt es nicht. Die Stresstoleranz ist individuell sehr verschieden.	- Regelmässige Entspannung und auch körperliche Aktivitäten helfen beim Stressabbau.

Nicht beeinflussbare Risikofaktoren

Alter	Bei Männern steigt das kardiovaskuläre Risiko ab 55 und bei Frauen ab 60 Jahren an.
Geschlecht	Männer haben ein höheres kardiovaskuläres Risiko als Frauen. Dabei spielen hormonelle Faktoren eine Rolle. Nach der Menopause steigt das Risiko bei Frauen, es gleicht sich dem von Männern an.
Genetische Veranlagung	Eine familiäre Belastung liegt vor, wenn bei einem oder mehreren männlichen Blutsverwandten ein Herzinfarkt oder Hirnschlag vor dem 55. Lebensjahr, bei weiblichen Blutsverwandten vor dem 65. Lebensjahr aufgetreten ist.

Die Rolle der Blutfette

Fette oder fettartige Substanzen sind wichtige Bausteine des Lebens, die in allen Zellen des Körpers vorkommen. Auch im Blut findet man sie. Zu den wichtigsten «Blutfetten» gehören das Cholesterin und die Triglyzeride (Neutralfette).

Triglyzeride sind auch der Hauptbestandteil des Fettgewebes. Sie erfüllen wichtige Funktionen wie die Speicherung von Energie und sind Schutzschicht um wichtige Organe. Sowohl die Muskeln als auch das Gehirn verwenden Fett als Brennstoff für ihre Arbeit.

Cholesterin ist eine fettähnliche Substanz, die im Körper zahlreiche wichtige Funktionen erfüllt. Sie ist Bestandteil der Zellwände, Ausgangssubstanz verschiedener Hormone und wird für das Herstellen verdauungsfördernder Gallensäuren benötigt. Der Körper produziert Cholesterin hauptsächlich selbst. Nur ein ganz kleiner Teil wird mit der Nahrung zugeführt, und die externe Zufuhr drosselt die körpereigene Synthese. Was den Cholesterinspiegel vor allem in die Höhe treibt, sind gesättigte Fettsäuren, die wir hauptsächlich mit fetthaltigen Lebensmitteln zu uns nehmen (siehe auch versteckte Fette, Seite 37). Dasselbe tun aber auch Transfettsäuren (industriell gehärtete oder teilgehärtete Fette mit besserer Lagerfähigkeit), wie sie häufig von Restaurants und Imbissbuden zum Frittieren verwendet werden. Oft ist der Grund für erhöhte Blutcholesterinwerte aber auch eine familiäre Veranlagung. Bei den Betroffenen ist der Blutfettspiegel selbst bei vorbildlicher Ernährung zu hoch.

Da Cholesterin in Wasser unlöslich ist, erfolgt sein Transport im Blutplasma durch Kopplung an sogenannte Lipoproteine. Beim Blutcholesterin wird daher zwischen dem HDL-Cholesterin (HDL = High Density Lipoprotein) und LDL-Cholesterin (LDL = Low Density Lipoprotein) unterschieden. Die unterschiedlich dichten Cholesterin-Vehikel haben entgegengesetzte physiologische Wirkungen.

LDL-Cholesterin

Die Arteriosklerose wird vor allem durch hohe Spiegel des häufig als «schlecht» bezeichneten LDL-Cholesterins (LDL-C) gefördert. Wenn LDL-C-Moleküle lange im Blut zirkulieren, wird in ihnen das Cholesterin durch «freie Sauerstoffradikale» oxidiert. Die dadurch kleiner werdenden LDL dringen leicht in die Gefässwand ein. Wenn Zellen der Gefässwand durch oxidierte LDL-Partikel übersättigt sind, sterben sie ab. Damit kommt es in der Arterienwand zu diversen entzündlichen Prozessen, aber auch zu Reparaturversuchen.
Die Vorgänge bewirken, dass die arteriosklerotischen Ablagerungen, die Plaques, weiter wachsen.

HDL-Cholesterin

Im Gegensatz zum schlechten bzw. LDL-Cholesterin hat das HDL-Cholesterin (HDL-C) eine gefässschützende Wirkung. Es kann überschüssiges LDL-C abführen, auch solches, das sich bereits in den Blutgefässen abgelagert hat. Das weibliche Sexualhormon Östrogen erhöht die Konzentration an HDL-C im Blut und schützt Frauen vor der Menopause vor Arteriosklerose. Im Alter von 70 Jahren verfügen Frauen über ein etwa gleich grosses Risiko für Herzinfarkt oder Hirnschlag wie Männer.

Triglyzeride

Grossangelegte wissenschaftliche Studien haben bewiesen, dass sich nicht nur ein hoher Gehalt an LDL-Cholesterin im Blut nachteilig auf die Gesundheit des Herzens und der Gefässe auswirkt. Auch ein zu hoher Triglyzerid-Gehalt im Blut fördert die Arteriosklerose und leistet Herz-Kreislauf-Erkrankungen und Diabetes mellitus Typ 2 Vorschub.
Zwischen den Triglyzeriden und dem Cholesterin besteht interessanterweise eine gegenläufige Beziehung, was die zwei Cholesterintypen betrifft: Ist der Triglyzerid-Spiegel hoch, sinkt der Wert des HDL-Cholesterins, während das LDL-Cholesterin steigt. Den stärksten Effekt haben dabei Triglyzeride, welche mehrheitlich aus gesättigten Fettsäuren bestehen.

Blutfette: Woher sie kommen und wie wir sie beeinflussen können

Über 90 % der Fette in unserer Ernährung und in unserem Körper sind Triglyzeride. Die jeweils aus 3 Fettsäureketten aufgebauten Fettmoleküle (Seite 21) werden vor allem mit der Nahrung aufgenommen, können aber auch vom Körper selber gebildet werden. Die Serumspiegel steigen an, wenn mit der Nahrung zu viele Kalorien in Form von Fett, Kohlenhydraten (Zucker) oder Alkohol aufgenommen werden.
Beim Cholesterin werden 75–90 % vom Körper selbst synthetisiert und nur ein geringer Prozentsatz wird aus der Nahrung aufgenommen. Daher wird die Höhe des Cholesterinspiegels nur in zweiter Linie durch

cholesterinhaltige Lebensmittel wie Butter, Eier und Leber beeinflusst. Ohnehin führt mit der Nahrung aufgenommenes Cholesterin bei den meisten Menschen dazu, dass die körpereigene Cholesterinsynthese verringert wird.
Triglyzeride sind besser, als das Cholesterin durch die Ernährung zu beeinflussen. Durch gezielte Anpassungen der Ernährung und durch Gewichtsreduktion lassen sich Triglyzeride in der Regel beträchtlich senken.

Was Zucker mit dem Fettstoffwechsel zu tun hat
Kohlenhydratreiche Nahrung lässt die Triglyzeride ansteigen, da der Körper überschüssige Glukose in Speicherfette umwandelt, die Quelle der Fettpölsterchen. Zudem senkt Glukose den Spiegel des HDL-Cholesterins, während der Spiegel des LDL-Cholesterins unverändert bleibt oder sogar steigt. Interessanterweise steigen Triglyzerid-Werte besonders stark bei einer kohlenhydratreichen, aber äusserst fettarmen Ernährung an. Auch deshalb sollte im Rahmen einer herzgesunden Ernährung nicht auf Fette verzichtet werden.

Was sind Fettsäuren, welche Klassen gibt es und was ist ihre Funktion?

Fettsäuren sind der Hauptbestandteil der Triglyzeride, die aus einem Glycerin-Molekül und drei angehängten Fettsäureketten bestehen. Diese bestehen aus unterschiedlich langen Reihen an Kohlenstoffatomen. Liegen ausschliesslich Einfachbindungen zwischen den Kohlenstoffen vor, so ist jedes Kohlenstoffatom mit zwei oder (am Ende der Kette) drei Wasserstoffatomen besetzt: Die Fettsäure ist gesättigt. Im Falle einer Doppelbindung fehlt ein Wasserstoffatom an der entsprechenden Stelle: Die Fettsäure ist ungesättigt. Es gibt Fettsäuren mit einer oder mit mehreren Doppelbindungen, weshalb man sie als einfach ungesättigte bzw. mehrfach ungesättigte Fettsäuren bezeichnet.

Gesättigte Fettsäuren
Gesättigte Fettsäuren können im Körper selbst gebildet werden, weshalb eine Aufnahme mit der Nahrung nicht zwingend notwendig ist. Leider machen sie den Löwenanteil der Fettzufuhr aus, vor allem deshalb, weil sie in den bereits mehrfach erwähnten versteckten Fetten enthalten sind. Zu viel gesättigte Fette im Essen sind ungesund, weil sie den Spiegel an LDL-Cholesterin ansteigen lassen. Ihr Anteil sollte maximal 10 % der täglichen Gesamtkalorienzufuhr betragen.

Einfach ungesättigte Fettsäuren
Der Körper kann einfach ungesättigte Fettsäuren selbst herstellen. Diese Fette haben einen günstigen Einfluss auf den Cholesterinspiegel und sind deshalb den gesättigten Fettsäuren vorzuziehen.

Mehrfach ungesättigte Fettsäuren

Mehrfach ungesättigte Fettsäuren enthalten zwei oder mehr Doppelbindungen. Sie sind als einzige Fettsäuren essentiell – das heisst, sie können von unserem Organismus nicht respektive nur sehr beschränkt selbst synthetisiert werden und müssen mit der Nahrung zugeführt werden.
Es gibt zwei Hauptgruppen von mehrfach ungesättigten Fettsäuren, die sich nach der Position der ersten Doppelbindung ableiten: Omega-6-Fettsäuren (Ausgangssubstanz Linolsäure) und Omega-3-Fettsäuren (Ausgangssubstanz Alpha-Linolensäure). Die beiden Fettsäure-Typen sind im Körper Gegenspieler, was ihre Stoffwechselfunktionen betrifft: Ein Zuviel des einen kann die Wirksamkeit des andern beeinträchtigen. Unsere Ernährung enthält in der Regel zu viel an Omega-6-Fettsäuren.

Omega-3-Fettsäuren

Wichtige Vertreter sind die langkettigen Omega-3-Fettsäuren alpha-Linolensäure sowie deren Abkömmlinge Eicosapentaensäure (EPA) und Docosahexensäure (DHA). Diese kommen besonders reichlich in bestimmten Fischarten, insbesondere in den fettreichen Sorten aus kalten Gewässern, vor. Die Omega-3-Fettsäuren haben mannigfaltige und positive Herz-Kreislauf-Effekte. Sie senken die Gerinnungsneigung des Blutes und vermindern den Blutdruck. Zudem können sie Herzrhythmusstörungen und dem Risiko eines plötzlichen Herztods entgegenwirken. Der schützende Effekt von Omega-3-Fettsäuren zeigt sich bereits bei einer Fischmahlzeit pro Woche.

Omega-6-Fettsäuren

Omega-6-Fettsäuren senken das LDL-Cholesterin. Sie begünstigen aber die Oxidation des LDL-Cholesterins (Seite 20). Zudem können sie Entzündungsvorgänge (unter anderem in den Gefässwänden) und die Bildung von Blutgerinnseln begünstigen. Deshalb sollten mehr einfach als mehrfach ungesättigte Fettsäuren aufgenommen werden.

Transfettsäuren

Transfettsäuren entstehen als Folge chemischer Umwandlungsprozesse im Zuge der (partiellen) Fetthärtung zur Haltbarmachung. Entsprechend sind sie in Produkten mit gehärteten Fetten enthalten wie frittierte Produkte, gewisse Backwaren, Kartoffelchips und in allgemein mit gehärtetem Fett produzierten Lebensmitteln. Wie die gesättigten Fettsäuren lassen auch die Transfettsäuren den Gehalt an LDL-Cholesterin im Blut ansteigen. Der Konsum von Lebensmiteln mit Transfettsäuren sollte daher so weit wie möglich eingeschränkt werden. In der Schweiz ist der Transfettsäuregehalt für pflanzliches Speiseöl und pflanzliches Speisefett gesetzlich geregelt (die Summe der Transfettsäuren darf 2 g pro 100 g pflanzliches Speisefett/Speiseöl nicht überschreiten).

Die 3 Pfeiler der herzgesunden Lebensweise

Ganz allgemein gilt: Das meiste, was unserer Gesundheit allgemein guttut, schützt auch das Herz und die Gefässe. Das Rezept zur Herz-Kreislauf-Gesundheit basiert auf folgenden 3 Pfeilern:

1. **normales Körpergewicht**
2. **herzgesunde Ernährung**
3. **genügend Bewegung**

Ein wichtiges Element eines herzgesunden Lebensstils ist eine kalorienmässig ausgewogene Ernährung, die zu einem normalen Körpergewicht führt. Bei der Suche nach der idealen Zusammensetzung der Nahrung haben Studien einerseits den Einfluss bestimmter Nahrungskomponenten, zum Beispiel von gesättigten Fetten, und andererseits die Auswirkungen bestimmter Ernährungsweisen, sogenannter Ernährungsmuster, untersucht. Ein Ernährungsmuster ist zum Beispiel die mediterrane Kost.
Eine wichtige Rolle spielt die Bewegung. Diese hilft, das Energiegleichgewicht zu verbessern, indem mehr Kalorien verbrannt werden.
Es scheint aber auch einen direkten Zusammenhang zwischen fehlender körperlicher Aktivität und Arteriosklerose zu geben. Die unter Belastung auftretenden (und bei Bewegungsmangel fehlenden) Schwerkräfte sind offenbar wichtig, um eine optimale Funktion der Gefässzellwände zu gewährleisten.
Alle Massnahmen für eine gesunde Lebensweise sollten unbedingt auf Dauer angelegt sein. Bewusst und gesund leben sollte Spass machen und nicht von unangenehmen Pflichten und Verboten geprägt sein. Bei gesundheitlichen Problemen müssen die Empfehlungen individuell angepasst werden, wobei Alter, Gewicht, körperliche Fitness, Blutfett- oder Blutzuckerwerte und familiäre Risiko für Herz-Kreislauf-Krankheiten berücksichtigt werden müssen.

1. Pfeiler – normales Körpergewicht

Das normale Körpergewicht zu halten, ist sehr wichtig. Menschen mit zu grossen Fettpolstern belasten nicht nur ihr Herz übermässig, sondern den gesamten Organismus. Übergewicht ist ein wichtiger vermeidbarer Risikofaktor für Herz-Kreislauf-Krankheiten. Übergewicht belastet das Herz, indem es auf Dauer zu Herzinsuffizienz (Herzschwäche) führen kann oder bei einer bestehenden Herzschwäche die Symptomatik verschlimmert. Es fördert aber auch andere kardiovaskuläre Risikofaktoren wie Diabetes, Bluthochdruck und ungünstige Blutfettwerte. Da die Triglyzerid-Werte sehr stark vom Körpergewicht abhängig sind, ist Abnehmen hier die wichtigste Gegenmassnahme. Die Triglyzeride sinken umso stärker, je grösser der Gewichtsverlust ausfällt.
Das Geheimnis eines gesunden Körpergewichts liegt in einer ausgeglichenen Energiebilanz. Wer über eine längere Zeit mehr Kalorien zu sich nimmt, als er verbraucht, nimmt zu. Um Übergewicht zu verhindern, genügt es deshalb nicht, möglichst gesund zu essen. Die Kalorienaufnahme muss dem Verbrauch angepasst sein. Dieser hängt in erster Linie von Alter, Geschlecht, Gewicht und körperlicher Betätigung ab.

Indikatoren für Übergewicht und Herz-Kreislauf-Risiko

Body-Mass-Index (BMI)

Der Body-Mass-Index (BMI) ist das heute meistgebrauchte Mass zur Beurteilung des Gewichts. Berechnung des BMI: Teilen Sie Ihr Gewicht in Kilogramm durch Ihre Körpergrösse in Metern im Quadrat:

$$\mathbf{BMI} = \frac{\textbf{Körpergewicht (Kilogramm)}}{\textbf{Körpergrösse (in Metern)}^2}$$

Beispiel

Für einen 73 Kilogramm schweren und 1,78 Meter grossen Mann bedeutet das:

$$\mathbf{BMI} = \frac{\mathbf{73}}{\mathbf{(1{,}78 \times 1{,}78)}} = \mathbf{23}$$

BMI	Bewertung
unter 18,5	Untergewicht
18,5–25	Normalgewicht
über 25–30	leichtes bis mittleres Übergewicht
über 30–40	starkes Übergewicht (Adipositas)
über 40	krankhafte Fettleibigkeit (massive Adipositas)

Waist-to-Hip-Ratio (WHR)

Unabhängig vom Körpergewicht gibt die Fettverteilung Hinweise auf ein Herz-Kreislauf-Erkrankungsrisiko. Unterschieden wird zwischen Apfel- und Birnenform. Eine Apfelform heisst, dass sich das Fett vor allem im Bauchbereich ansammelt, bei der Birnenform sind eher Hüften und Oberschenkel betroffen. Personen mit Apfelform haben ein wesentlich höheres kardiovaskuläres Risiko als solche mit Birnenform. Massstab für die Bestimmung ist der auf Bauchnabelhöhe gemessene Bauchumfang.

Vorteilhaft (eher Birne)

Männer: Bauchumfang unter 102 cm

Frauen: Bauchumfang unter 88 cm

Bei Übergewicht sind Crash-Diäten kein Erfolg versprechender Weg. Diese können gesundheitsschädigend sein; sie führen meistens schnell wieder zu einer Gewichtszunahme (Jojo-Effekt). Für Personen mit Herzproblemen sind Radikaldiäten und auch Fastenkuren sogar gefährlich, weil sie den Kreislauf belasten und die Wirkung von Medikamenten verändern können.

Falls Sie die Energiezufuhr reduzieren möchten, müssen kohlenhydrat- und/oder fettreiche Nahrungsmittel eingeschränkt werden.

Der tägliche Grundumsatz, das heisst der Minimalkalorienverbrauch pro Tag, beträgt zirka 1 kcal pro Kilogramm Körpergewicht und Stunde. Menschen mit geringer körperlicher Aktivität zählen 500 kcal dazu. Wer sich körperlich mehr anstrengt, kann zwischen 1000 und 2500 kcal zusätzlich einkalkulieren. Bei einer Person mit einem Gewicht von 70 kg und einer Schreibtischtätigkeit ergibt dies folgende Rechnung:

70 (Körpergewicht) × **24** (Stunden)	**= 1680 kcal**
(für geringe körperliche Aktivität)	**+ 500 kcal**
	= 2180 kcal

Um das Gewicht unter Kontrolle zu halten, ist es ratsam, Nahrungsmittel mit einer hohen Energiedichte im Speiseplan zu reduzieren, das heisst, weniger fettreiche Lebensmittel wie Wurstwaren, Rahm, Käse, Süssigkeiten und zuckerhaltige Getränke zu konsumieren, dafür mehr Früchte, Gemüse, Vollkornprodukte, Geflügel und Fisch.

Wer übergewichtig ist und das Gewicht nicht abbauen kann, sollte darauf achten, das Gewicht stabil zu halten. Bei normalgewichtigen Personen gilt die Empfehlung, das Körpergewicht mit zunehmendem Alter nicht ansteigen zu lassen. Das ist gar nicht so einfach. Da der Kalorienbedarf im Alter zurückgeht, muss die Nahrungsmenge nach unten angepasst werden.

Kalorienbedarf pro Tag

Alter	**Frauen**	**Männer**
unter 25 Jahre	2200 kcal	2600 kcal
25–50 Jahre	2000 kcal	2400 kcal
51–65 Jahre	1800 kcal	2200 kcal
über 65 Jahre	1700 kcal	1900 kcal

Die Richtwerte beziehen sich auf Personen mit vorwiegend sitzender Tätigkeit.

Für schweisstreibendere Tätigkeiten gelten Werte, die um 500 bis 2000 kcal höher sind.

2. Pfeiler – herzgesunde Ernährung

Mit der richtigen Ernährung können Sie viel für Ihr Herz tun. Wenn Sie ganz gesund sind, hilft sie Ihnen, gesund zu bleiben. Falls einer oder mehrere der zuvor beschriebenen Risikofaktoren (Seite 16 ff) auf Sie zutrifft, ist eine herzgesunde Ernährung erst recht wichtig. Auch wenn es nicht gelingt, hohe Cholesterinwerte oder einen hohen Blutdruck allein durch die Ernährung ausreichend zu senken, so kann sie doch dazu beitragen, dass weniger Medikamente benötigt werden. Unverzichtbar ist eine herz- und gefässeschonende Ernährung bei einer bereits bestehenden Herzerkrankung, unabhängig von weiteren Therapiemassnahmen.
Eine herzgesunde Kost entspricht im Prinzip derjenigen Küche, die im Mittelmeerraum bis in die 1960er Jahre typisch war. Die «traditionelle mediterrane Ernährung» oder Diät zeichnet sich dadurch aus, dass sie pflanzliche Lebensmittel wie Gemüse, Salat, Obst und Vollkornprodukte bevorzugt und aufgrund ihres hohen Anteils an frischem Seefisch, Nüssen und

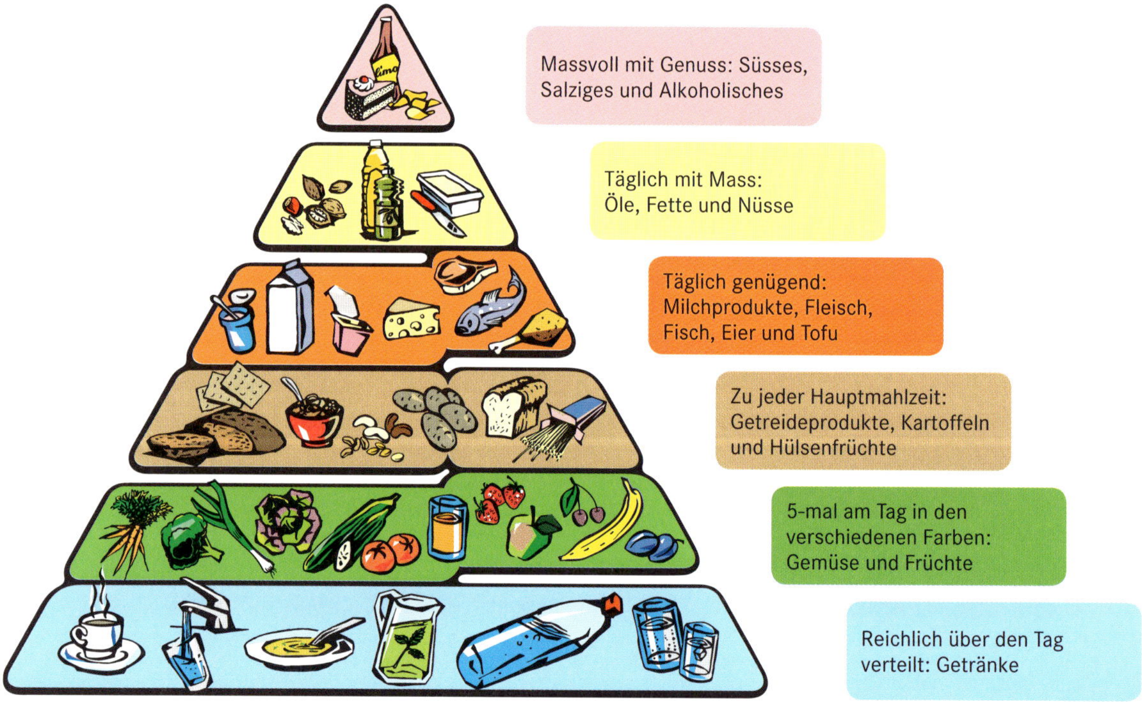

pflanzlichen Ölen ein vorteilhaftes Fettsäuremuster aufweist. Der Verzehr von Fleisch und tierischen Fetten sollte eingeschränkt werden. Obst und Gemüse sind nicht nur wegen ihres Ballaststoffgehalts, sondern auch wegen ihrer antioxidativen Eigenschaften wichtig.

Die Grundprinzipien der mediterranen Ernährung finden sich weitgehend in der Schweizer Ernährungspyramide wieder. Die von der Schweizerischen Gesellschaft für Ernährung und dem Bundesamt für Gesundheit herausgegebenen Empfehlungen illustrieren anschaulich, von welchen Lebensmitteln mehr (untere Pyramidenebenen) und von welchen weniger (obere Ebenen und Spitze) benötigt wird. In der Lebensmittelpyramide gibt es keine Verbote. Alle Lebensmittel sind erlaubt und haben in einer ausgewogenen Ernährung ihren Platz. Wenn Sie sich gesund für Herz und Kreislauf ernähren wollen, orientieren Sie sich am besten an der Lebensmittelpyramide.

Was den Alkoholgenuss betrifft, gilt folgende Regel: maximal 14 Standarddrinks pro Woche für Männer und 7 für Frauen. 1 Standarddrink enthält 10 g Alkohol. Dies entspricht einem Glas Wein oder Bier.

3. Pfeiler – genügend Bewegung

Wie jeder trainierte Muskel wird auch der Herzmuskel durch regelmässige körperliche Belastung grösser und kräftiger. Um die gleiche Leistung zu erbringen, muss das durch Bewegung trainierte Herz täglich mehrere Tausend und jährlich viele Millionen Mal weniger oft schlagen und wird dadurch geschont.

Körperliche Bewegung ist ganz generell eine wichtige Komponente eines gesunden Lebensstils. Bewegungsmangel nimmt als Risikofaktor einen ähnlichen Stellenwert ein wie Diabetes oder eine familiäre Veranlagung für hohe Cholesterinwerte. Indem sie sich günstig auf Blutfette, Blutzucker und Blutdruck auswirkt, senkt regelmässige Bewegung das Risiko, an Herz-Kreislauf-Erkrankungen oder Diabetes Typ II zu erkranken. Auch bei Knochenschwund (Osteoporose) und Gelenkerkrankungen sowie bestimmten Krebsarten spielt körperliche Bewegung eine wichtige vorbeugende Rolle. Vor allem aber ist Bewegung für den Erhalt des Energiegleichgewichts und eines gesunden Körpergewichts von grosser Bedeutung, Abnehmen inklusive.

Sich gesundheitswirksam zu bewegen, heisst nicht zwingend Sport treiben. Entscheidend ist nicht so sehr, welche Aktivität ausgeübt wird, sondern dass dies regelmässig geschieht und dabei eine gewisse Mindestintensität erreicht wird. Vor allem sollten Möglichkeiten genutzt werden, sich im Alltag mehr körperlich zu betätigen und den Energieumsatz zu steigern.

Dies ist auf einfache Art möglich:

- die Treppe anstelle des Lifts benutzen
- langes Sitzen durch Stehen oder einen Spaziergang unterbrechen
- statt mit dem Auto mit dem Velo zur Arbeit fahren
- zügig gehen, als wäre man in Eile
- alltägliche Verrichtungen wie den Gang zum Briefkasten oder zum Einkaufen wenn immer möglich zu Fuss oder mit dem Velo erledigen
- das Auto bewusst weiter weg entfernt vom Zielort parkieren und den restlichen Weg zu Fuss gehen
- beim Bus/Tram eine/mehrere Stationen früher aussteigen und den restlichen Weg zu Fuss gehen

Die Bewegungspyramide

Als allgemein gültige Empfehlung für Personen ohne grössere gesundheitliche Probleme hat sich die Bewegungspyramide etabliert. Sie kann Sie dabei unterstützen, Ihr Bewegungsverhalten langfristig zu ändern.

Basisempfehlungen für gesundheitswirksame Bewegung

Um Herz und Kreislauf fit zu halten, sind 30 Minuten Bewegung an fünf Tagen pro Woche (total 150 Minuten) ideal. Mit Bewegung sind Alltagsaktivitäten oder Sport in mittlerer Intensität gemeint, die 30 Minuten am Stück oder in Teilpensen von 10 bis 15 Minuten ausgeführt werden. Gehen Sie zügig, fahren Sie mit dem Velo oder machen Sie Haus- oder Gartenarbeiten. Aber auch viele andere Freizeit-, Alltags- oder Sportaktivitäten haben eine mittlere Intensität. Wichtig ist, dass Sie dabei etwas ausser Atem kommen (nicht zwingend ins Schwitzen).
Den gleichen gesundheitlichen Nutzen erzielen Sie, wenn Sie alternativ 75 Minuten (1¼ Stunden) Sport oder Bewegung mit hoher Intensität betreiben. Über Letztere verfügen Aktivitäten, die leichtes Schwitzen und eine beschleunigte Atmung auslösen.

Weiterführende Empfehlungen

Der wesentlichste Schritt zur Verbesserung der Gesundheit ist derjenige von der Inaktivität zur regelmässigen Bewegung im Sinne der Basisempfehlungen. Wenn Sie mehr tun möchten, können Sie Ihr Bewegungsprogramm erweitern, und zwar mit wöchentlich 3-mal 20 bis 60 Minuten Ausdauertraining in mittlerer Intensität. Mit Ausdauertraining lässt sich das Körpergewicht leichter halten bzw. reduzieren. Besonders geeignet sind Velofahren, Joggen, Schwimmen, Langlauf, Nordic Walking. Das Ausdauertraining kann ergänzt werden durch ein 2-mal wöchentliches Krafttraining mit Gymnastik oder Stretchingübungen zur besseren Beweglichkeit. Krafttraining (mit dem Ziel der Entwicklung und Erhaltung der Muskelmasse) trägt in jedem Alter zu Wohlbefinden und Gesundheit bei. Besonders wichtig wird dieses etwa ab dem 50. Lebensjahr, um die Leistungsfähigkeit und Selbständigkeit möglichst bis ins hohe Alter zu erhalten.
Herzpatienten sollten allerdings mit ihrem Arzt absprechen, welches Bewegungs- und Krafttraining für sie geeignet ist; am besten lässt man sich das Training bezüglich Art und Intensität ohnehin durch eine Fachperson zusammenstellen.
Jede zusätzliche Aktivität, die Ihren Neigungen entspricht, bringt Ihnen weiteren gesundheitlichen Nutzen, wenn auch nicht im gleichen Ausmass.
Achten Sie unbedingt darauf, dass Sie längere sitzende Tätigkeiten regelmässig durch kurze Bewegungsphasen unterbrechen. Das gilt sowohl für Tätigkeiten am Arbeitsplatz als auch für inaktive Freizeitbeschäftigungen. Je weniger sitzende Freizeit, desto besser!

Kalorienverbrauch bei körperlichen Aktivitäten (Dauer 30 Minuten)

Aktivitäten	Intensität	Kalorienverbrauch
Gesellschaftstanz Golf Wandern (4 km/h) Tennis, Doppel (Plausch)	mittel	gering 100–150 kcal
Aquafit Hometrainer (75–100 W) Inline-Skating Nordic Walking Velofahren (15–20 km/h) Garten- und Hausarbeiten Turnen/Gymnastik (mit wenig statischen Übungen)	mittel	gering 100–150 kcal
Brustschwimmen Vitaparcours (Familientempo)	mittel	mittel 200–250 kcal
Joggen (7–10 km/h) Langlauf klassisch/Skating Squash/Badminton/Tennis, Einzel Crawl-Schwimmen Velofahren (20–30 km/h)	hoch	mittel 200–350 kcal
Aerobic/Jazztanz Mountainbike/Rennvelo (30 km/h) Vitaparcours (Sportlertempo)	hoch	hoch mehr als 350 kcal

Intensität des Trainings

	Aktivität mittlere Intensität	Aktivität hohe Intensität
Wärmegefühl	leicht	stark
Schwitzen	kaum bis leicht	mässig bis stark
Atem- und Pulsbeschleunigung	mässig	stark
Anstrengungsgefühl	mässig	stark
Fähigkeit zu sprechen	längere Sätze	nur einzelne Wörter

Konkrete Ernährungsempfehlungen

Fette und Öle sind bei der Ernährung unverzichtbar: Sie sind Träger der fettlöslichen Vitamine A, D, E und K, die unser Körper ohne Nahrungsfett nicht richtig verwerten kann. Fette und Öle sind Aromaträger und Geschmacksverstärker. Sie sind mitverantwortlich, dass uns das Essen überhaupt schmeckt. Ausserdem sind sie ein wichtiger Energielieferant, der deutlich nachhaltiger sättigt als Eiweiss und Kohlenhydrate. Früher neigte man dazu, Fett grundsätzlich als Ursache für Herz-Kreislauf-Erkrankungen anzuprangern und Menschen zur Arteriosklerose-Vorbeugung eine fettarme Ernährung zu empfehlen. Heute weiss man, dass für das Arteriosklerose-Risiko weniger die Gesamtfettmenge als vielmehr das Fettsäuremuster in der Nahrung entscheidend ist. Tatsache ist, dass zwischen einer Ernährung mit wenig gesättigten Fettsäuren und einem niedrigen kardiovaskulären Risiko ein Zusammenhang besteht.
Fett ist also nicht gleich Fett; statt fettarm sollten wir uns lieber «fettbewusst» ernähren.
Studien haben gezeigt, dass der Ersatz von Fetten mit einem relativ grossen Anteil gesättigter Fettsäuren durch Fette mit einem relativ grossen Anteil mehrfach ungesättigter Fettsäuren das Risiko für Herz-Kreislauf-Krankheiten senkt. Auch bezüglich der Vermeidung von Diabetes wirkt sich dies positiv aus.

Einige Faustregeln in Anlehnung an die Schweizer Ernährungspyramide (Seite 26)

- Konsumieren Sie reichlich Früchte und Gemüse, am besten 5-mal am Tag eine Hand voll (roh und gekocht/gedünstet); das entspricht einer Menge von rund 600 g pro Tag. Damit sichern Sie sich die nötige Menge an Vitaminen, Mineralstoffen und Nahrungsfasern (Ballaststoffen).
- Achten Sie auf versteckte Fette in Backwaren, Fleisch und Wurst sowie in Süssigkeiten; bevorzugen Sie bei Milchprodukten die fettreduzierten Varianten.
- Ersetzen Sie gesättigte Fette durch (mehrfach) ungesättigte Fette/Öle.
- Verwenden Sie Olivenöl für die kalte und warme Küche; für die kalte Zubereitung eignet sich auch Rapsöl hervorragend.
- Fleisch muss nicht jeden Tag auf den Tisch, bevorzugen Sie fettarme (magere) Fleischsorten.
- Geniessen Sie etwa ein- bis zweimal pro Woche ein Fischgericht, besonders fettreichen Fisch
- Vollkornprodukte sind Weissmehlprodukten vorzuziehen.
- Meiden Sie Softdrinks!
- Essen Sie täglich Getreideprodukte (Vollkornbrot, -nudeln, Getreideflocken) oder Kartoffeln.
- Meiden Sie Transfette (Backwaren, frittierte Nahrungsmittel).

Empfehlungen des Bundesamtes für Gesundheit (BAG) für die tägliche Fettzufuhr

pro 2000 kcal bzw. 8374 kJ Energiezufuhr

	Fettanteil an Tagesenergiebedarf	Entsprechende Menge
Gesamtfett	20–35 % (max. 40 %)	45–80 g (max. 90 g)
gesättigte Fettsäuren	< 10 %	<20 g
einfach ungesättigte Fettsäuren	10–15 % (max. 20 %)	20–35 g (max. 45 g)
mehrfach ungesättigte Fettsäuren n-6 (Omega 6) n-3 (Omega 3)	 2,5–9 % 0,5–2 %	 5,5–20 g 1–4,4 g

2000 kcal/Tag entsprechen dem durchschnittlichen Energiebedarf einer normalgewichtigen Frau mit geringer körperlicher Aktivität

Um den Bedarf an langkettigen n-3-(Omega-3-)Fettsäuren zu garantieren, wird pro Woche der 1–2-malige Konsum von vorzugsweise fettem Fisch empfohlen

Die Empfehlungen gelten für erwachsene Menschen. Grundlage bildet eine ausgewogene Ernährung gemäss der Schweizer Lebensmittelpyramide, Seite 26.

Welche Öle/Fette sollten bevorzugt konsumiert werden?

Um sicherzustellen, dass der Körper ausreichend mit einfach und mehrfach ungesättigten Fettsäuren versorgt wird, hilft die Beachtung folgender Faustregeln:

- täglich 2–3 Esslöffel (20–30 g) Pflanzenöl, davon mindestens die Hälfte in Form von Rapsöl
- täglich 1 Portion (20–30 g) ungesalzene Nüsse, Samen oder Kerne
- Butter, Margarine, Rahm usw. sparsam verwenden (ca. 1 Esslöffel = 10 g pro Tag)
- 1- bis 2-mal wöchentlich Fisch essen (100 bis 240 g, vorzugsweise fettreichere Arten wie z. B. Hering, Lachs), um den Bedarf an langkettigen Omega-3-Fettsäuren zu decken

Falls Sie die Energiezufuhr reduzieren möchten oder sich fettarm ernähren wollen, dann ist es ratsamer, bei Milch, Fleisch sowie süssen und salzigen Produkten auf fettärmere Alternativen auszuweichen. Die Menge an hochwertigen Pflanzenölen sollten Sie nicht einschränken. Etwa 50 bis 70 Prozent der durchschnittlichen Fettaufnahme sind in «versteckten» Fetten enthalten (Seite 37).

Empfehlung für eine fettmodifizierte Kost

- Gesättigte Fette sollten durch ungesättigte Fette ersetzt werden, zum Beispiel in Form von Fisch, Nüssen, Oliven- oder Rapsöl.
- Einfach ungesättigte Fettsäuren sollten den Hauptanteil aller Fettsäuren in der Ernährung ausmachen bzw. insgesamt 10–15 % der pro Tag konsumierten Energie.
- Genug (d.h. mehr) Omega-3-Fettsäuren (1–4,4 g/Tag) verzehren, ruhig weniger Omega-6-Fettsäuren (5,5–20 g) konsumieren.

Absolut gesehen ist die empfohlene Menge an Omega-6-Fettsäuren zwar rund 5-mal höher als die an Omega-3-Fettsäuren; weil aber heute vielfach bis zu 10-mal mehr Omega-6-Fettsäuren konsumiert werden (u. a. aufgrund der Beliebtheit von Sonnenblumenöl, Maiskeimöl und Distelöl), sollte der Verzehr von Omega-3-Fettsäuren in der Ernährung tendenziell erhöht und der Anteil an Omega-6-Fettsäuren gesenkt werden.

- Die Zufuhr von Transfettsäuren sollte so weit wie möglich reduziert werden, da sie unter anderem zur Erhöhung des LDL-Cholesterins und zur Abnahme des HDL-Cholesterins führen. Transfettsäuren sind in Frittiertem und in Backwaren enthalten.

Empfohlene Mengen an gesättigten sowie an einfach oder mehrfach ungesättigten Fettsäuren in Prozent der pro Tag zugeführten Gesamtenergie

(Werte in der Grafik entsprechen denen in der linken Spalte der Tabelle auf Seite 33).

Anteil der Gesamtenergie (Erwachsene)

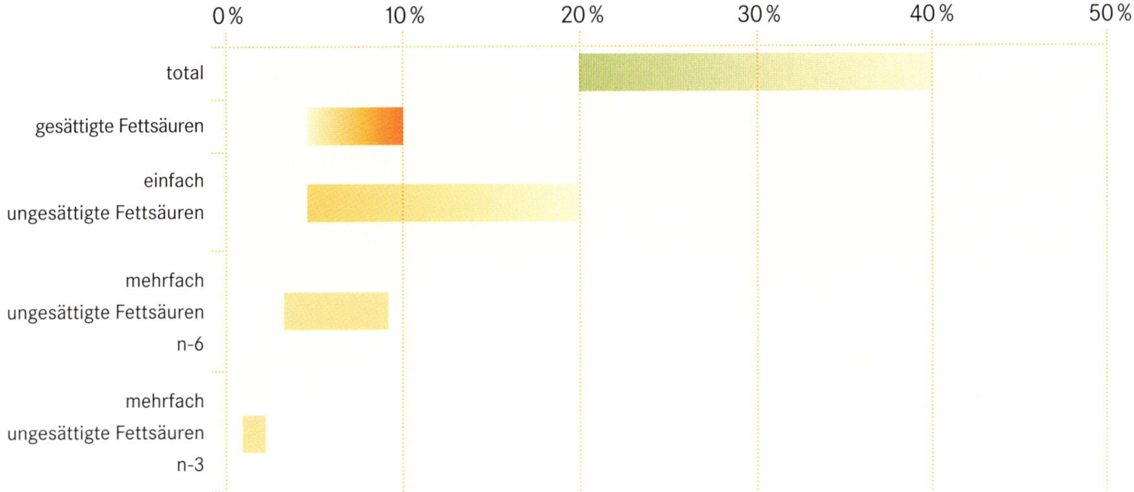

Fette sollten insgesamt nicht mehr als 20–40 % der Gesamtenergiezufuhr ausmachen (grüner Balken). Die empfohlene tägliche Gesamtfettzufuhr beträgt ca. 1 g pro kg Körpergewicht.

Lebensmittel mit hohem Gehalt an zu meidenden (gesättigten) und an gesunden (einfach und mehrfach ungesättigten) Fettsäuren

Gesättigte Fettsäuren	Butter, Rahm, Käse, Fleisch, Fleischprodukte (Würste, Hamburger), fettreiche Milch und Milchprodukte, fette Süssigkeiten wie Torten und andere Backwaren, Schweinefett, Bratfett, Margarine und Backfett/Frittieröl, Kokosnussöl, Palm- und Palmkernöl, salzige Snacks und andere industriell hergestellte Lebensmittel
Einfach ungesättigte Fettsäuren	Oliven, Rapssaat, Nüsse und ihr Öl (Pistazie, Mandel, Haselnuss, Macadamianuss, Cashewnuss, Pekannuss, Erdnuss), Avocado und ihr Öl
Mehrfach ungesättigte Fettsäuren	**Omega 3** Lachs, Makrele, Hering, Thunfisch, Heilbutt und Sardine sowie Algen (insbesondere reich an langen Omega-3-Fettsäuren) Baumnuss, Rapssaat, Sojabohnen, Leinsamen und ihre Öle (besonders reich an Linolensäure) **Omega 6** Sonnenblumenkerne, Weizenkeime, Maiskeime, Distelsamen, Sesamsamen und ihre Öle, Nüsse, Sojabohnen und bestimmte Margarinearten

Hinweis

Bei Fleisch, Käse und Fisch ist die Fütterung der Tiere für das Verhältnis von Omega-3- zu Omega-6- Fettsäuren entscheidend. Produkte von Tieren, die im Freien leben oder frei weiden, haben ein günstigeres Fettsäuremuster. Ein gutes Beispiel ist der Alpkäse aus dem Saanenland mit einem hohen Omega-3-Gehalt.
Wegen des hohen Fettgehaltes muss man sich bei Nüssen bewusst sein, dass sie kalorienreich sind und somit anstelle von Produkten mit gesättigten Fettsäuren in den Menüplan eingebaut werden sollten.

Nahrungsmittel mit verstecktem und meist ungesundem Fett

Wir essen zu viele gesättigte Fette. Während wir Empfehlungen zufolge nur maximal 10 % unserer Kalorien mit diesen schlechten Fetten aufnehmen sollten, machen sie rund 15 % des gesamten Tagesbedarfs an Energie aus. Hauptsächlich nehmen wir gesättigte Fette mit den berüchtigten versteckten Fetten zu uns, die bei vielen Menschen bis zu zwei Drittel unseres Nahrungsfettes ausmachen:

- Wurst- und Fleischwaren (auch Kalbsbratwurst)
- Käse (auch Frischkäse und Mozzarella)
- Vollrahm und Vollmilchprodukte, Rahmglace
- frittiertes/gebackenes Fastfood, Fertiggerichte
- Backwaren (vor allem aus Blätterteig) und Frittiertes
- Pommes Chips, Aperitifgebäck
- gewisse Müeslimischungen (Crunch) und Müesliriegel
- fetthaltige Saucen

Hinweis

Snacks enthalten meist viel versteckte, nicht vorteilhafte Fette sowie viel Salz, was den Blutdruck in die Höhe treibt. Bevorzugen Sie deshalb als Zwischenverpflegung Früchte und Gemüse!

Empfehlungen des Bundesamtes für Gesundheit (BAG) für die tägliche Kohlenhydratzufuhr

Kohlenhydrate sind unsere wichtigste Energiequelle. Sie sollten etwa 50–60 % der Energiezufuhr ausmachen; der Rest sollte zu 20–40 % aus Fetten/Ölen und Protein/Eiweiss (15 %) bestehen. Das ergibt für Erwachsene mit geringer körperlicher Aktivität (ungefährer Tagesenergiebedarf 2000 kcal) 3,6 bis 4,3 g Kohlenhydrate pro kg Körpergewicht. Das sind für eine 70 kg schwere Person 250 bis 300 g. Eine niedrigere tägliche Kohlenhydratzufuhr ist aus gesundheitlicher Sicht günstig, wenn an ihrer Stelle günstige Fette konsumiert werden.

Wir nehmen jedoch im Durchschnitt zu viele zuckerreiche und zu wenig nahrungsfaserreiche Produkte zu uns. Zu viele Kohlenhydrate vermindern die Insulinempfindlichkeit, erhöhen die Blutfette (Triglyzeride) und senken das HDL-Cholesterin. Diese Veränderungen sind besonders dann zu beobachten, wenn kohlenhydrathaltige Lebensmittel mit relativ starker Blutzucker-Wirkung – d. h. mit hohem glykämischem Index – gewählt werden.

Zucker sollte nicht mehr als 10 % der pro Tag konsumierten Energie ausmachen. Mit Zucker sind alle zugesetzten Einfach- und Zweifachzucker sowie natürliche Zuckerarten in Honig und Fruchtsäften gemeint. Nicht dazu zählt natürlicherweise in Früchten, Gemüse, Milch und Getreideprodukten enthaltener Zucker. Die geringen Mengen an Zucker, die in verarbeiteten Produkten wie Essigkonserven, Tomatensauce oder Fleischwaren zu finden sind, sind von untergeordneter Bedeutung.

Tipps und Tricks für eine herzgesunde Küche

Schonend und fettarm zubereiten
Erhitzen Sie Lebensmittel in möglichst frischem Zustand und jeweils nur kurz. Alternativen zum Braten, Frittieren und Grillieren sind das Niedertemperaturgaren im Backofen, das Dampfgaren oder das Kochen im Wok. Lebensmittel stets kühl, trocken und im Dunkeln lagern.

Tipps
- Kalorienbewusste Köche nutzen die Vorteile von Pfannen mit hochwertigem, nicht haftendem Belag. Diese ermöglichen das Braten mit einem Minimum an Fett.
- Der Fisch sollte gedünstet, in der Pfanne oder im Ofen gegrillt oder im Ofen gegart werden. Wenn er gebraten oder gar frittiert wird, geht der schützende Effekt wegen des verwendeten Öls/Fetts verloren.
- Wer Alu- oder Backfolie verwendet, kann fettarm garen. Packen Sie das Poulet, den Fisch oder den Braten mit dem Gemüse und den Kräutern in eine Folie ein und garen Sie das Gericht im Backofen.
- Bereiten Sie eine Sauce vermehrt mit Gemüse- oder Bratfond zu. Auch Weisswein kann zum Ablöschen bedenkenlos verwendet werden. Rahm sollten Sie nur sparsam einsetzen.
- Verwenden Sie wo immer möglich Öle statt feste Fette zum Kochen oder Braten.

Fette und Öle für die Küche
Olivenöl und Rapsöl führen unangefochten die Hitliste der für Herz und Kreislauf gesündesten Fette und Öle an.

Olivenöl – das Universalöl
Olivenöl ist mit den unverwechselbaren Geschmacksnoten für viele das Sinnbild eines herzgesunden Lebensstils. Es ist reich an einfach ungesättigten Fettsäuren und sekundären Pflanzenstoffen (Polyphenolen), die unter anderem als Antioxidantien wirken, und enthält viel Vitamin E. Olivenöl ist hitzestabil, es kann also für die kalte und die warme Küche verwendet werden. Es eignet sich auch zum Braten. Dabei ist zu beachten, dass das Öl nicht rauchendheiss erhitzt wird, weil sich dadurch die Fettsäuren zersetzen und die wertvollen Inhaltsstoffe verloren gehen.
Die Bezeichnung «extra vergine» entspricht dem deutschen «Olivenöl extra nativ» und kennzeichnet die Qualität. Kaufen Sie nicht das billigste Öl, aber lassen Sie sich auch nicht von poetischen Geschmacksbezeichnungen und schönen Etiketten blenden. Am besten, Sie degustieren, welches Olivenöl Ihnen am besten schmeckt.

Rapsöl – der Schweizer Star
Noch wenig bekannt ist, dass dem Olivenöl ein mindestens ebenbürtiger einheimischer Partner zur Seite steht: das Rapsöl. Es enthält ebenfalls viele ungesättigte Fettsäuren und Vitamin E. Zu purem Gold für das Herz und die Gefässe wird es aber

besonders wegen seines hohen Gehalts an wertvoller alpha-Linolensäure. Diese dreifach ungesättigte Fettsäure aus der Reihe der Omega-3-Fettsäuren ist eine Vorstufe der Fischöle, deren schützende Wirkung für Herz-Kreislauf-Erkrankungen bekannt ist. Das Rapsöl wirkt nach heutigem Wissensstand Entzündungsprozessen entgegen und hilft, Arteriosklerose vorzubeugen. Rapsöl ist sehr wertvoll in der kalten Küche und kann auch zum Dünsten (langsam und nur mässig erhitzen) eingesetzt werden.
Olivenöl oder Rapsöl - beide haben einen speziellen Zusatznutzen. Verwenden Sie also beide je nach Gericht und nach Geschmack.

Leinöl - der Geheimtipp

Leinöl hat von allen Ölen den höchsten Anteil an Omega-3-Fettsäuren und gilt deshalb ebenfalls als herzgesund. Leider verdirbt das Öl relativ rasch im Kontakt mit Luft, Licht und Wärme. Leinöl sollte deshalb im Kühlschrank aufbewahrt werden und muss rasch verbraucht werden. Leinöl ist nur für die kalte Küche bestimmt.

High-Oleic-Öle - zum Frittieren

Zum Braten und Frittieren bei hohen Temperaturen werden so genannte High-Oleic-Öle empfohlen. Dies sind besonders ölsäurereiche Öle von speziell gezüchteten Sonnenblumen-Zuchtsorten (HO-Sonnenblumen) oder Raps (HOLL-Raps für High Oleic Low Linolenic). Achten Sie beim Kauf auf die entsprechenden Bezeichnungen.

Butter und andere Streichfette

Butter enthält einen hohen Anteil an gesättigten Fettsäuren. Sie erhöhen das «schlechte» LDL-Cholesterin und werden deshalb für die Gesundheit von Herz und Kreislauf nicht empfohlen. Dennoch ist Butter ein Naturprodukt, auf das viele Menschen nicht verzichten wollen. Sie sollte allerdings nur sehr sparsam genossen werden (1 bis 2 Kaffeelöffel oder maximal 10 g pro Tag).
Wenn Sie zum Salat oder vorneweg im Restaurant gerne Brot essen, sollten Sie es, anstatt mit Butter zu versiegeln, besser ins Dressing eintauchen oder Olivenöl daraufträufeln. Margarine, insbesondere Diätmargarine mit dem Zusatz ungesättigter Fettsäuren, enthält weniger gesättigte Fettsäuren als Butter und ist generell cholesterinfrei.

Sonnenblumenöl

Übliches Sonnenblumenöl - in vielen Schweizer Küchen immer noch häufig eingesetzt - wird weder für die kalte noch für die warme Küche empfohlen, weil es das schützende HDL-Cholesterin senkt sowie Entzündungsprozesse fördern und damit die Entstehung von Arteriosklerose begünstigen kann.

Auf tropische Fette verzichten

Tropische Fette und Öle (Kokosnuss-, Palm- und Palmkernöl oder -fett) enthalten - obwohl pflanzlicher Herkunft - sehr viele gesättigte Fette.
Die Schweizerische Herzstiftung rät von ihrem Gebrauch ab.

Herzschützende Nahrungskomponenten

Früchte und Gemüse

Früchte und Gemüse enthalten wertvolle Vitamine, Mineralstoffe sowie Spurenelemente. Zudem versorgen sie den Organismus mit Nahrungsfasern (Ballaststoffen), Antioxidantien und sekundären Pflanzenstoffen, die eine schützende Wirkung vor Herzinfarkt und Hirnschlag haben.
Ein vergleichbarer Effekt mit Vitamintabletten konnte in verschiedenen Studien nicht belegt werden. Für Früchte und Gemüse lautet die Empfehlung: geniessen nach Herzenslust, am besten fünf Portionen täglich (500–600 g) in allen Farben, roh, gekocht, gedünstet.

Komplexe Kohlenhydrate

Stärke- beziehungsweise kohlenhydrathaltige Lebensmittel versorgen den Körper mit der nötigen Energie und sollten täglich und genügend eingenommen werden. Für die Herz-Kreislauf-Gesundheit sind vor allem komplexe Kohlenhydrate, d. h. vollwertige Produkte (Vollkorn, Vollreis), positiv. Dank des hohen Gehalts an Nahrungsfasern (Ballaststoffen) haben sie, im Gegensatz zu den einfachen Kohlenhydraten in Form von Zucker sowie raffinierter Stärke, keinen negativen Einfluss auf den Insulin- und Blutfettspiegel. Lösliche Nahrungsfasern, wie in Haferkleie und Zitrusfrüchten vorkommend, senken das LDL- und Gesamtcholesterin und reduzieren unter anderem auch die Energiedichte der zugeführten Nahrung. Durch einen reichlichen Genuss von Früchten und Gemüsen, Hülsenfrüchten und Vollkornprodukten kann der Nahrungsfaserbedarf gedeckt werden.

Fettreduzierte Milch und Milchprodukte

Milch und Milchprodukte sind eine wichtige Quelle von Eiweiss und wichtigen Nährstoffen wie Kalzium, Magnesium und Kalium. Magermilch und Magermilchprodukte sollten jedoch bevorzugt werden. In Kombination mit einer früchte- und gemüsereichen Ernährung können sie den Blutdruck senken.

Margarine

Margarine mit einem niedrigen Anteil an Transfettsäuren (< 1 g/100 g) hat im Vergleich zu Butter einen moderaten, günstigen Einfluss auf den Blutfettspiegel.

Fisch

Fisch ist reich an wertvollen Omega-3-Fettsäuren, welche das Herz-Kreislauf-Erkrankungsrisiko vermindern. Eine Fischmahlzeit pro Woche zeigt bereits einen günstigen Effekt. Allerdings ist die Belastung mit Schwermetallen bei gewissen Fischarten problematisch.
Bei einem wöchentlichen Verzehr von 1–2 Portionen überwiegen die gesundheitlichen Vorteile. Ein hoher Fischkonsum ist auch ökologisch bedenklich, ein bis zwei Portionen sind auch in dieser Hinsicht akzeptabel. Fischölkapseln können aus diesem Grund eine Alternative zu frischem Fisch sein. Gute pflanzliche Quellen von Omega-3-Fettsäuren sind Rapsöl, Leinsamen und Baumnüsse.

Soja und Sojaprodukte

Das Sojaprotein senkt das LDL-Cholesterin und die Triglyzeride. Diese Effekte sind wahrscheinlich durch die gleichzeitige vermehrte Zufuhr von Isoflavonen (sekundären Pflanzeninhaltsstoffen) und Sojaprotein bedingt. Eine tägliche Zufuhr von 25 g Sojaprotein (entspricht etwa 70 bis 80 g Tofu oder 6 dl/600 ml Sojamilch) kann als Herzschutz empfohlen werden. Das Soja-Eiweiss stellt überdies eine gute Alternative zu tierischen Eiweissquellen dar.

Nüsse

Insbesondere Baumnüsse haben einen hohen Anteil an mehrfach ungesättigten und Omega-3-Fettsäuren und eine ideale Zusammensetzung an Vitaminen, Spurenelementen und Polyphenolen (sekundären Pflanzeninhaltsstoffen). 20 g (etwa eine Handvoll Nüsse) pro Tag sind somit bei gleichzeitiger Einschränkung der gesättigten Fettsäuren empfehlenswert.

Eier

Jahrelang war das Ei als Cholesterinbombe verpönt. Zu Unrecht, wie man heute weiss. Denn Studien an gesunden Menschen stellten keinen Zusammenhang zwischen Eierkonsum und einem erhöhten Herz-Kreislauf-Risiko fest. Das bedeutet einen Freispruch für das Ei: Obwohl das Eidotter das Lebensmittel mit dem höchsten Cholesteringehalt ist, darf man ruhig ein Ei pro Tag essen und damit von dessen Eiweiss, ungesättigten Fettsäuren, Vitaminen und Mineralstoffen profitieren. Diabetiker sollten ihren Eierkonsum allerdings einschränken.

Tee

Das Trinken von Schwarztee oder Grüntee kann mit einem verminderten kardiovaskulären Risiko verbunden sein. Die Mechanismen dieser Wirkung sind nicht vollständig geklärt, jedoch tragen Polyphenole zur blutfettsenkenden und entzündungshemmenden Wirkung bei. Dieser Effekt gilt für Grüntee und in vermindertem Mass auch für Schwarztee, wobei nicht klar ist, in welcher Menge die beiden Getränke konsumiert werden sollten.

Alkohol

Geringe bis moderate Mengen Alkohol (Frauen 1 Drink = 100–200 ml Wein pro Tag; Männer 2 Drinks = 200–300 ml Wein pro Tag) können auf Herz und Gefässe eine schützende Wirkung haben. Die genauen Mechanismen sind nicht bekannt, werden aber teilweise durch eine Erhöhung des HDL-Cholesterinspiegels erklärt. Es ist unklar, ob es der Alkohol oder eher die Flavonoide sind, Farbbestandteile der roten Traubenbeeren, die den günstigen Effekt haben.

Ein Zuviel an Alkohol schlägt jedoch schnell ins Gegenteil um. Beginnen Sie deshalb nicht, Alkohol zu trinken wegen eines potenziellen gesundheitlichen Vorteils.

Übersicht der Ernährungsempfehlungen

Halten eines normalen Körpergewichts
Bei Übergewicht/Fettleibigkeit Gewicht reduzieren oder zumindest stabilisieren.

Ausgewogene und vielseitige Ernährung
Entsprechend dem individuellen Energiebedarf kombiniert mit regelmässiger körperlicher Aktivität.

Reduktion und Modifikation des Fettkonsums
- gesättigte Fette durch (mehrfach) ungesättigte Fette/Öle ersetzen
- einfach ungesättigte Fette wie Olivenöl und Rapsöl in der warmen und kalten Küche als Hauptfettquelle nutzen, (langkettige) Omega-3-Fettsäuren
- Verzehr von Lebensmitteln mit versteckten Fetten so weit wie möglich einschränken
- Transfette meiden

Herzschützende Nahrungskomponenten
in Speiseplan integrieren

Reichlich konsumieren
- 5-mal am Tag Früchte und Gemüse (roh und gekocht/gedünstet)
- zu jeder Hauptmahlzeit: komplexe Kohlenhydrate (Getreideprodukte, Kartoffeln und Hülsenfrüchte)
- ein- bis zweimal Fisch pro Woche, wozu auch fettreicher Fisch gehören soll
- Magermilchprodukte
- Soja/Tofu
- Getränke: Wasser, Tee (über den Tag verteilt)

Massvoll konsumieren
- Nüsse
- Vollmilchprodukte
- Öle, Fette
- Fleisch
- Eier

Selten beziehungsweise massvoll mit Genuss konsumieren
- fett-, salz- und zuckerreiche Lebensmittel (Würste, Pommes frites, Saucen, Fertiggerichte, Snacks, Patisserie, Torten, Süssgetränke usw.)
- Alkohol

Nahrungsmittel mit Zusatznutzen

Auf dem Markt sind heute etliche Nahrungsmittel erhältlich, die zusätzlichen gesundheitlichen Nutzen versprechen, wie z. B. Margarine, Joghurt oder Joghurtdrinks, die pflanzliche Sterine und Stanole enthalten. Diese Produkte hemmen die Aufnahme von Cholesterin aus dem Dünndarm und senken den Cholesterinspiegel. Sie können eine Nahrungsergänzung sein. Über die langfristige Wirkung dieser Produkte sind sich die Experten aber nicht einig, weil Langzeitstudien und Resultate dazu fehlen.

Vitamine als Nahrungsergänzungsmittel

Vitaminpräparate aus der Apotheke oder Drogerie können eine ausgewogene Ernährung mit viel Obst und Gemüse nicht ersetzen und sind nach heutigem Wissensstand nicht empfehlenswert. Während reine Beobachtungsstudien einen Zusammenhang zwischen den Spiegeln von Vitamin A und E und dem Risiko für Herz-Kreislauf-Erkrankungen gesehen haben, konnte dies in Studien mit gezielter Gabe der Vitamine nicht bestätigt werden. Auch für die Vitamine der B-Reihe (B_6, Folsäure und B_{12}) konnte ein Nutzen für Herz-Kreislauf wissenschaftlich nicht belegt werden. Lediglich in speziellen Einzelfällen, etwa bei einem Mangel an einem bestimmten Vitamin, kann die Einnahme einzelner Vitamine in Tablettenform sinnvoll sein. Das sollte aber mit dem Arzt besprochen werden.

Die 10 goldenen Regeln

1. Ihr Herz schlägt für Sie. Es ist der Motor Ihres Lebens. Tun Sie ihm Gutes.
2. Ziehen Sie pflanzliche den tierischen Lebensmitteln vor.
3. Achten Sie auf Ihre Energiebilanz. Passen Sie die Kalorieneinnahme Ihrer körperlichen Aktivität an.
4. Übergewicht macht nicht nur dem Herz das Leben schwer. Halten Sie Ihr Gewicht im normalen Bereich.
5. Bei den vitaminreichen und kalorienarmen Früchten und dem Gemüse dürfen Sie herzhaft zugreifen.
6. Qualität kommt vor Quantität. Seien Sie wählerisch, geniessen Sie Ihr Essen in Ruhe und hören Sie zu essen auf, bevor Sie übersättigt sind.
7. Verbannen Sie keine Nahrungsmittel aus Ihrem Leben, nur weil sie als Dickmacher oder als ungesund gelten. Mass halten lautet hier die sinnvolle Devise.
8. Ernährung und Bewegung gehören zusammen. Als Paar haben sie eine doppelt positive Wirkung auf Ihre Gesundheit.
9. Zigaretten sind – auch nach dem Genuss eines feinen Essens – (H)Erzfeinde. Verzichten Sie darauf.
10. Lebensstil vor Genen. Die Gene können wir uns nicht aussuchen. Doch auch mit weniger guten genetischen Karten ist das «Spiel» nicht verloren, wenn sie punkto Lebensstil auf «Herz ist Trumpf» setzen.

Frühstück – Getränke

Gewürztee

Teemischung

- 100 g Jasmintee (halbfermentierter Tee) oder Banchatee (koffeinarmer Grüntee)
- 3–4 cm Zimtstange
- 2 Gewürznelken
- 2–3 cm Vanilleschote, klein geschnitten

- neutraler Honig
- Angostura-Bitter

1 Zimtstange, Nelken und Vanilleschotenstückchen im Mörser zerstossen. Mit Jasmin- oder Banchateeblättern mischen.

2 Für einen Liter Tee nimmt man 5 bis 6 gestrichene Teelöffel der Mischung und giesst sie mit einem Liter Wasser auf. Nicht länger als 5 Minuten ziehen lassen. Absieben.

3 Jede Tasse Tee mit einer Messerspitze Honig und 2 bis 3 Tropfen Angostura-Bitter abschmecken.

Ballaststoffe gesamt (g)	**0**
Eiweiss (g)	**0**
Fett (g)	**0**
Kilojoule (kJ)	**32**
Kilokalorien (kcal)	**8**
Kohlenhydrate (g)	**1**
gesättigte Fettsäuren (g)	**0,1**
einfach ungesättigte Fettsäuren (g)	**0,1**
mehrfach ungesättigte Fettsäuren (g)	**0**
Natrium (mg)	**3**

Familien-Eistee

für 1 Liter Tee

- 1 l Wasser
- 5–6 gestrichene TL Grüntee oder Banchatee (weniger anregend)
- ½ Zimtstange
- 1–2 TL neutraler Honig
- 1 TL Zitronensaft
- einige Tropfen Angostura-Bitter

Nach Belieben Grüntee oder Banchatee mit zerkleinerter Zimtstange und kochendem Wasser angiessen. Nicht länger als 5 Minuten ziehen lassen. Absieben. Solange der Tee noch warm ist, Honig, Zitronensaft sowie Angostura-Bitter darunterrühren. Auskühlen lassen, kühl stellen. Zum Servieren den Eistee mit Minze oder Melisse dekorieren.

Produkteinfo

Angostura-Bitter ist ein Wurzel- und Gewürzextrakt, das man seit über 100 Jahren kennt.

Ballaststoffe gesamt (g)	**8**
Eiweiss (g)	**4**
Fett (g)	**1**
Kilojoule (kJ)	**141**
Kilokalorien (kcal)	**34**
Kohlenhydrate (g)	**3**
gesättigte Fettsäuren (g)	**0,1**
einfach ungesättigte Fettsäuren (g)	**0**
mehrfach ungesättigte Fettsäuren (g)	**0,3**
Natrium (mg)	**6**

Bananen-Sanddorn-Drink

für 2 Gläser

- 1 reife Banane
- 2–3 EL Sanddornmark mit Honig
- 1 EL frisch gepresster Zitronensaft
- 3 dl/300 ml Buttermilch

Banane schälen und zerkleinern, mit restlichen Zutaten im Mixer aufschäumen. Sofort geniessen.

Ballaststoffe gesamt (g)	**2**
Eiweiss (g)	**6**
Fett (g)	**2**
Kilojoule (kJ)	**672**
Kilokalorien (kcal)	**161**
Kohlenhydrate (g)	**28**
gesättigte Fettsäuren (g)	**0,5**
einfach ungesättigte Fettsäuren (g)	**0,3**
mehrfach ungesättigte Fettsäuren (g)	**0,5**
Natrium (mg)	**92**

Mangoquark mit Zimt

für 2 Personen

- 120 g ungeschwefelte, getrocknete Mangos
- 300 g Magerquark oder halb Magerquark/ halb Vollmilch
- 1 EL Akazienblütenhonig oder Agavendicksaft (Reformhaus/Bioladen)
- 1 Prise Zimtpulver

1 Mangos in 2 dl/200 ml heissem Wasser einlegen, 1 Stunde stehen lassen. Saft abgiessen, trinken.
2 Mangos mit den übrigen Zutaten pürieren.

Akazienblütenhonig

Er ist geschmacksneutral und leicht dosierbar.

Ballaststoffe gesamt (g)	**5**
Eiweiss (g)	**22**
Fett (g)	**2**
Kilojoule (kJ)	**1296**
Kilokalorien (kcal)	**309**
Kohlenhydrate (g)	**49**
gesättigte Fettsäuren (g)	**0,5**
einfach ungesättigte Fettsäuren (g)	**0,6**
mehrfach ungesättigte Fettsäuren (g)	**0,3**
Natrium (mg)	**75**

Kastanienmilch mit Zimt

für 2 Gläser

- 100 g gezuckertes Bio-Kastanienpüree (Vermicelles)
- 1 Prise Zimtpulver
- wenig Akazienblütenhonig, nach Belieben
- 4 dl/400 ml Kuh-, Soja- oder Hafermilch

Alle Zutaten mixen.

Abbildung Seite 51, Mitte

Ballaststoffe gesamt (g)	**3**
Eiweiss (g)	**7**
Fett (g)	**7**
Kilojoule (kJ)	**950**
Kilokalorien (kcal)	**227**
Kohlenhydrate (g)	**32**
gesättigte Fettsäuren (g)	**4,2**
einfach ungesättigte Fettsäuren (g)	**2,1**
mehrfach ungesättigte Fettsäuren (g)	**0,2**
Natrium (mg)	**105**

Heidelbeer-Milch-Shake

für 2 Gläser

- 4–5 dl/400–500 ml Magermilch oder Milchdrink
- 2–3 EL Akazienblütenhonig
- 150 g frische oder gefrorene Heidelbeeren, je nach Saison

Alle Zutaten mixen.

Abbildung hinten

Ballaststoffe gesamt (g)	4
Eiweiss (g)	8
Fett (g)	4
Kilojoule (kJ)	829
Kilokalorien (kcal)	197
Kohlenhydrate (g)	31
gesättigte Fettsäuren (g)	2,2
einfach ungesättigte Fettsäuren (g)	1,1
mehrfach ungesättigte Fettsäuren (g)	0,4
Natrium (mg)	115

Himbeerdrink

für 2 Gläser

- 4–5 dl/400–500 ml Butter- oder Magermilch oder Milchdrink oder Soja- oder Reismilch
- 150 g frische oder gefrorene Himbeeren, je nach Saison
- 1 Prise Vanillepulver
- 2–3 EL Akazienblütenhonig oder Agavendicksaft

Alle Zutaten mixen.

Abbildung vorne

Ballaststoffe gesamt (g)	5
Eiweiss (g)	8
Fett (g)	1
Kilojoule (kJ)	685
Kilokalorien (kcal)	164
Kohlenhydrate (g)	27
gesättigte Fettsäuren (g)	0,7
einfach ungesättigte Fettsäuren (g)	0,4
mehrfach ungesättigte Fettsäuren (g)	0,2
Natrium (mg)	137

Suppen

Leichte Kräuter-Gemüsesuppe

kleine Mahlzeit für 2 Personen

- 1 EL Olivenöl oder kalt gepresstes Rapsöl
- 600 g Saisongemüse, z. B. Karotten, Pastinaken, Knollensellerie, Fenchel, Lauch, Kürbis
- 2–3 Zweiglein Thymian oder 1 TL getrockneter Thymian
- 8 dl/800 ml Gemüsebrühe
- 2 Handvoll Spinat
- Meersalz
- frisch gemahlener Pfeffer
- 1 EL Olivenöl oder kalt gepresstes Rapsöl

1 Das Gemüse schälen/putzen und in kleine Würfel schneiden oder im Cutter grob hacken.

2 Gemüse und Kräuter im Olivenöl oder Rapsöl andünsten, mit der Gemüsebrühe ablöschen, köcheln, bis das Gemüse weich ist, 12 bis 15 Minuten. Die fein geschnittenen Spinatblätter die letzten 2 Minuten mitkochen. Gemüsesuppe mit Salz und Pfeffer abschmecken, mit Olivenöl oder Rapsöl abrunden.

Ballaststoffe gesamt (g)	**15**
Eiweiss (g)	**8**
Fett (g)	**23**
Kilojoule (kJ)	**1236**
Kilokalorien (kcal)	**294**
Kohlenhydrate (g)	**13**
gesättigte Fettsäuren (g)	**3,2**
einfach ungesättigte Fettsäuren (g)	**12,4**
mehrfach ungesättigte Fettsäuren (g)	**6,6**
Natrium (mg)	**1413**

Griechische Bohnensuppe

Mahlzeit für 2 Personen

- 2 EL Olivenöl
- 1 kleine Zwiebel
- 1 grosse Karotte
- 1 Lorbeerblatt
- 120 g Borlottibohnen
- 1–1,3 l Gemüsebrühe
- 3 Tomaten
- frisch gemahlener Pfeffer
- 2 EL gehackte glattblättrige Petersilie
- Olivenöl oder kalt gepresstes Rapsöl, zum Beträufeln
- 1–2 EL geriebener Käse, nach Belieben

1 Borlottibohnen über Nacht in reichlich Wasser einlegen, das Wasser anderntags weggiessen.

2 Zwiebel schälen und fein würfeln. Karotte schälen und in 5 mm grosse Würfel schneiden. Tomaten an der Spitze kreuzweise einschneiden, in einem Schaumlöffel in kochendes Wasser tauchen, bis sich die Haut löst, unter kaltem Wasser abschrecken, Tomaten schälen, Stielansatz ausstechen, Tomaten klein würfeln.

3 Zwiebeln mit den Karotten im Olivenöl andünsten, Lorbeerblatt und Borlottibohnen zugeben, mit der Gemüsebrühe ablöschen, 45 Minuten köcheln lassen, bis die Bohnen weich sind. Die Tomatenwürfel zufügen, weitere 10 Minuten köcheln lassen. Mit Pfeffer abschmecken.

4 Die Bohnensuppe anrichten. Die Petersilie darüberstreuen. Mit Olivenöl oder Rapsöl beträufeln. Den Käse separat servieren.

Ballaststoffe gesamt (g)	**8**
Eiweiss (g)	**8**
Fett (g)	**28**
Kilojoule (kJ)	**1407**
Kilokalorien (kcal)	**335**
Kohlenhydrate (g)	**12**
gesättigte Fettsäuren (g)	**4,8**
einfach ungesättigte Fettsäuren (g)	**13,7**
mehrfach ungesättigte Fettsäuren (g)	**8,5**
Natrium (mg)	**1268**

Dinkelgriesssuppe mit Gemüse

kleine Mahlzeit für 2 Personen

- 1–2 EL Olivenöl oder kalt gepresstes Rapsöl
- 1 grosse Karotte
- 1 kleine Lauchstange
- 3–4 EL Dinkelvollkorngriess
- 6–8 dl/600–800 ml Gemüsebrühe
- frischer oder getrockneter Majoran

- Kürbiskernöl oder kalt gepresstes Rapsöl, zum Beträufeln
- frischer Majoran, für die Garnitur
- 2 EL trocken geröstete Kürbiskerne

1 Die Karotte schälen und klein würfeln. Beim Lauch die grobfasrigen Teile entfernen, Stange quer in Streifchen schneiden.

2 Die Karotten und den Lauch im Olivenöl oder Rapsöl andünsten, den Griess zugeben und kurz mitdünsten. Mit der Gemüsebrühe ablöschen. Getrockneten Majoran mitkochen, frischen Majoran erst am Schluss zugeben. 10 bis 15 Minuten köcheln lassen. Ab und zu umrühren.

3 Die Griesssuppe anrichten, mit Kürbiskernöl oder Rapsöl beträufeln, mit frischem Majoran und Kürbiskernen garnieren.

Ballaststoffe gesamt (g)	**7**
Eiweiss (g)	**9**
Fett (g)	**26**
Kilojoule (kJ)	**1459**
Kilokalorien (kcal)	**348**
Kohlenhydrate (g)	**21**
gesättigte Fettsäuren (g)	**4**
einfach ungesättigte Fettsäuren (g)	**11,4**
mehrfach ungesättigte Fettsäuren (g)	**9,1**
Natrium (mg)	**702**

Artischockensuppe mit Kräutern

Vorspeise für 2 Personen

- 2 EL Olivenöl oder kalt gepresstes Rapsöl
- 1 mittelgrosse Zwiebel
- 300 g frische oder gefrorene Artischockenherzen
- 6–8 dl/600–800 ml Gemüsebrühe, je nach gewünschter Konsistenz
- Meersalz
- frisch gemahlener Pfeffer

- 2 EL fein gehackte glattblättrige Petersilie
- 1 EL Mandarinenöl, nach Belieben

1 Die Zwiebel schälen und fein würfeln. Die aufgetauten Artischocken zerkleinern.

2 Zwiebeln und Artischocken im Olivenöl oder Rapsöl andünsten, mit der Gemüsebrühe ablöschen, aufkochen, Suppe bei schwacher Hitze etwa 12 Minuten köcheln, bis die Artischocken weich sind. Suppe pürieren und würzen. Anrichten, Petersilie darüberstreuen und mit Mandarinenöl abrunden.

Ballaststoffe gesamt (g)	**19**
Eiweiss (g)	**5**
Fett (g)	**22**
Kilojoule (kJ)	**1029**
Kilokalorien (kcal)	**245**
Kohlenhydrate (g)	**8**
gesättigte Fettsäuren (g)	**3**
einfach ungesättigte Fettsäuren (g)	**12,1**
mehrfach ungesättigte Fettsäuren (g)	**5,5**
Natrium (mg)	**1115**

Bunte Gemüsesuppe mit Avocadokugeln

Mahlzeit für 2 Personen

- 2 EL Olivenöl oder kalt gepresstes Rapsöl
- 200 g Karotten
- 200 g Kohlrabi oder Knollensellerie
- 200 g festkochende Kartoffeln
- 1 EL gehackte frische oder getrocknete Kräuter
- 8 dl/800 ml Gemüsebrühe
- 1 EL gehackte glattblättrige Petersilie
- frisch geriebene Muskatnuss
- Meersalz
- 1 reife Avocado
- einige Tropfen Mandarinenöl, nach Belieben

1 Karotten, Kohlrabi oder Knollensellerie und Kartoffeln schälen und in Würfel oder Scheiben schneiden.

2 Das Gemüse im Olivenöl oder Rapsöl andünsten, Kartoffeln, getrocknete Kräuter (frische Kräuter erst am Schluss zufügen) und Gemüsebrühe zugeben, aufkochen, bei mittlerer Hitze 15 Minuten oder länger kochen, bis das Gemüse weich ist. Kräuter zufügen, mit Muskat und Salz abschmecken.

3 Die Gemüsesuppe anrichten. Die Avocado halbieren, den Stein entfernen, Fruchtfleisch mit dem Kugelausstecher portionieren, zur Suppe geben, mit dem Mandarinenöl abschmecken, rasch servieren.

Ballaststoffe gesamt (g)	**15**
Eiweiss (g)	**9**
Fett (g)	**58**
Kilojoule (kJ)	**2780**
Kilokalorien (kcal)	**664**
Kohlenhydrate (g)	**27**
gesättigte Fettsäuren (g)	**8,4**
einfach ungesättigte Fettsäuren (g)	**37,2**
mehrfach ungesättigte Fettsäuren (g)	**9,6**
Natrium (mg)	**1236**

Linsen-Kürbis-Cremesuppe

kleine Mahlzeit für 2 Personen

- 1 EL Olivenöl oder kalt gepresstes Rapsöl
- 1 kleine Zwiebel
- 350 g mehliges Kürbisfleisch oder Karotten
- 100 g rote Linsen
- 6–7 dl/600–700 ml Gemüsebrühe
- 1 TL geriebener Ingwer oder 1 Msp Ingwerpulver
- ½ TL mittelscharfer Curry
- Meersalz
- 2–3 EL Rahm/Sahne, nach Belieben

- Olivenöl oder kalt gepresstes Rapsöl, zum Beträufeln

1 Zwiebel schälen und fein würfeln. Kürbisfleisch klein würfeln.

2 Zwiebeln und Kürbis im Olivenöl oder Rapsöl andünsten, Linsen zufügen, mit der Gemüsebrühe ablöschen, Curry und Ingwer darüberstreuen, aufkochen, die Suppe 20 bis 25 Minuten kochen, bis die Linsen weich sind. Die Suppe pürieren und mit Salz abschmecken. Nach Belieben mit Rahm/Sahne verfeinern.

3 Die Suppe anrichten, mit Olivenöl oder Rapsöl beträufeln.

Ballaststoffe gesamt (g)	**14**
Eiweiss (g)	**15**
Fett (g)	**21**
Kilojoule (kJ)	**1699**
Kilokalorien (kcal)	**406**
Kohlenhydrate (g)	**38**
gesättigte Fettsäuren (g)	**6,1**
einfach ungesättigte Fettsäuren (g)	**8,8**
mehrfach ungesättigte Fettsäuren (g)	**5,1**
Natrium (mg)	**1123**

Karottencremesuppe

kleine Mahlzeit für 2 Personen

- 2 EL Olivenöl oder kalt gepresstes Rapsöl
- 1 mittelgrosse Zwiebel
- 400 g Karotten
- 1 Zweig Rosmarin oder etwas Thymian
- 6–8 dl/600–800 ml Gemüsebrühe
- 1 Msp frisch geriebene Ingwerwurzel

- 1 EL gehackte Petersilie

1 Zwiebel schälen und fein würfeln. Karotten schälen und in Würfel oder Scheiben schneiden.

2 Zwiebeln und Karotten im Olivenöl oder Rapsöl andünsten, Rosmarinzweig zufügen, mit der Gemüsebrühe ablöschen, bei schwacher Hitze 15 Minuten köcheln lassen, bis die Karotten weich sind. Rosmarin entfernen, Suppe pürieren. Mit frisch geriebenem Ingwer abschmecken. Anrichten. Gehackte Petersilie darüberstreuen.

Varianten

Karottensuppe mit Mandarinenöl beträufeln. Karotten durch Kürbis oder Randen/Rote Bete ersetzen.

Mahlzeit

Mit Bruschetta kombinieren.

Ballaststoffe gesamt (g)	**10**
Eiweiss (g)	**3**
Fett (g)	**22**
Kilojoule (kJ)	**1109**
Kilokalorien (kcal)	**265**
Kohlenhydrate (g)	**13**
gesättigte Fettsäuren (g)	**3,1**
einfach ungesättigte Fettsäuren (g)	**12,2**
mehrfach ungesättigte Fettsäuren (g)	**5,9**
Natrium (mg)	**829**

Vorspeisen – Snacks – Salate

Pumpernickel mit Avocado-Frischkäse-Aufstrich

für 2 Personen

- 8 Scheiben Pumpernickel

- 1 reife Avocado
- 1 TL Zitronensaft
- 100 g Magerquark oder Ziegen- oder Kuhmilchfrischkäse
- 2–3 EL fein gehackte Kräuter, z. B. Petersilie, Basilikum, Rucola
- Meersalz
- frisch gemahlener Pfeffer

- Kräuter, für die Garnitur
- Radieschen, für die Garnitur
- einige Baumnuss-/Walnusskerne, für die Garnitur, nach Belieben

Ballaststoffe gesamt (g)	**13**
Eiweiss (g)	**15**
Fett (g)	**36**
Kilojoule (kJ)	**2196**
Kilokalorien (kcal)	**524**
Kohlenhydrate (g)	**34**
gesättigte Fettsäuren (g)	**5,5**
einfach ungesättigte Fettsäuren (g)	**25**
mehrfach ungesättigte Fettsäuren (g)	**3,9**
Natrium (mg)	**754**

1 Die Avocado halbieren und entsteinen, das Fruchtfleisch aus der Schale lösen, mit Zitronensaft und Quark pürieren, gehackte Kräuter unterrühren, mit Salz und Pfeffer abschmecken.

2 Die Pumpernickelscheiben rund ausstechen (Guetzli-Ausstecher), mit der Avocadocreme bestreichen. Die Rondellen nach Belieben aufeinanderlegen und immer wieder mit der Avocadocreme bestreichen. Mit Kräutern, Radieschen und Baumnüssen garnieren.

Mahlzeit

Mit einer leichten Suppe, z. B. der Griesssuppe, Seite 58, oder der Karottensuppe, Seite 65, servieren.

Tipp

Der Avocado-Frischkäse-Aufstrich passt auch zu den Ofenkartoffeln, Seite 90, zu Schalenkartoffeln und Grünspargel.

Avocado

Sie ist wie das Olivenöl reich an einfach ungesättigten Fettsäuren. Die Frucht ist nährstoffreich und trotzdem leicht verdaulich. Sie kann Ersatz für Butter oder Käse sein. Beide enthalten ein Mehrfaches an gesättigten Fettsäuren. Ideal als pikantes Frühstück, Abendessen oder Snack.

Bruschetta mit Artischockencreme

für 2 Personen

- 1 kleine dunkle Baguette, ca. 8 Scheiben

- 1 Glas Artischockencreme (Reformhaus/Bioladen)
- Limonenöl
- Rucola
- 100 g Bündnerfleisch

1 Die Brotscheiben im Backofen oder im Toaster hellbraun rösten. Auskühlen lassen.

2 Toasts mit Artischockencreme bestreichen und mit wenig Limonenöl beträufeln, mit Rucola und einer Scheibe Bündnerfleisch belegen.

Mahlzeit

Mit dem Spinatsalat (ohne Pinienkerne und Käse), Seite 80, oder der Gemüsesuppe, Seite 62, servieren.

Ballaststoffe gesamt (g)	**9**
Eiweiss (g)	**25**
Fett (g)	**5**
Kilojoule (kJ)	**1093**
Kilokalorien (kcal)	**262**
Kohlenhydrate (g)	**28**
gesättigte Fettsäuren (g)	**1,3**
einfach ungesättigte Fettsäuren (g)	**1,6**
mehrfach ungesättigte Fettsäuren (g)	**1,8**
Natrium (mg)	**1395**

Bruschetta mit Petersilienpesto und Grünspargel

für 2 Personen

- 1 kleine Baguette, ca. 8 Scheiben
- 100 g Bündnerfleisch
- 8 gekochte Grünspargel

Petersilienpesto

- 3 EL gehackte glattblättrige Petersilie
- 3–4 EL Olivenöl oder kalt gepresstes Rapsöl
- Meersalz
- frisch gemahlener Pfeffer

1 Die Brotscheiben im Backofen oder im Toaster hellbraun rösten. Auskühlen lassen.

2 Petersilienpesto zubereiten.

3 Toasts mit dem Petersilienpesto bestreichen, mit Bündnerfleisch und Grünspargel belegen.

Mahlzeit

Mit einer Suppe kombinieren.

Ballaststoffe gesamt (g)	**4**
Eiweiss (g)	**26**
Fett (g)	**30**
Kilojoule (kJ)	**2031**
Kilokalorien (kcal)	**486**
Kohlenhydrate (g)	**29**
gesättigte Fettsäuren (g)	**4,9**
einfach ungesättigte Fettsäuren (g)	**19,8**
mehrfach ungesättigte Fettsäuren (g)	**3**
Natrium (mg)	**1567**

Catalogna-Fenchel-Rohkost

für 2 Personen

- 2 Catalogna di Galatina, auch Puntartelli genannt
- 2 kleine Fenchel

Marinade

- 1 Zitrone, Saft
- 4–5 EL Olivenöl oder kalt gepresstes Rapsöl
- Meersalz

- 2 EL trocken geröstete Kürbiskerne

1 Die äusseren Blätter des Catalognas entfernen, die Sprossen am Blattansatz kappen und je nach Grösse vierteln oder achteln.

2 Beim Fenchel grobfaserige Hüllblätter entfernen oder mit dem Sparschäler abschälen, Knollen halbieren und Hälften längs in Stücke schneiden.

3 Aus Zitronensaft, Olivenöl oder Rapsöl und Salz eine Marinade rühren.

4 Marinade über das Gemüse träufeln. Mit Kürbiskernen garnieren.

Catalogna di Galatina

Zichoriengewächs. Man findet die Catalogna am ehesten auf dem Gemüsemarkt beim Italiener. Es handelt sich dabei um eine spezielle Züchtung, die verdickte Sprosse bildet. Das Gemüse kann wie Spargel roh gegessen werden.

Zum Rezept

Der Salat schmeckt leicht bitter.

Ballaststoffe gesamt (g)	**16**
Eiweiss (g)	**13**
Fett (g)	**45**
Kilojoule (kJ)	**2174**
Kilokalorien (kcal)	**520**
Kohlenhydrate (g)	**15**
gesättigte Fettsäuren (g)	**7,1**
einfach ungesättigte Fettsäuren (g)	**28,3**
mehrfach ungesättigte Fettsäuren (g)	**7,7**
Natrium (mg)	**457**

Bunter Herbstsalat

kleine Mahlzeit für 2 Personen

- 200–250 g Blattsalat, z. B. Endivie und krause Endivie, Lattich, Spinat, weisser Chicorée, Cicorino rosso, Catalogna
- 2 Orangen oder 1 rosa Grapefruit
- einige Baumnuss-/Walnusskerne, nach Belieben

Marinade

- Zitronensaft
- Olivenöl oder kalt gepresstes Rapsöl, gemischt mit Baumnuss-/Walnussöl
- 1 Knoblauchzehe
- Meersalz
- frisch gemahlener Pfeffer

Frischkäse-Aufstrich

- 150 g Ziegen- oder Kuhmilchfrischkäse
- 3 EL fein gehackte Kräuter
- 1–2 EL Limonenöl oder Olivenöl oder kalt gepresstes Rapsöl
- frisch gemahlener Pfeffer

- 1 kleine Baguette, ca. 8 Scheiben

1 Baguettescheiben im Backofen oder im Toaster hellbraun rösten, auskühlen lassen.

2 Frischkäse, Kräuter und Limonenöl zu einer Paste rühren, mit Pfeffer abschmecken. Geröstete Baguettescheiben kurz vor dem Servieren damit bestreichen.

3 Blattsalate rüsten und in mundgerechte Stücke schneiden, waschen und trocken schleudern.

4 Aus Zitronensaft und Olivenöl oder Rapsöl eine Marinade rühren, Knoblauchzehe dazupressen, mit Salz und Pfeffer würzen.

5 Orangen oder Grapefruit grosszügig schälen, auch die weisse Haut entfernen, die Fruchtfilets aus den Trennhäutchen lösen, entkernen.

6 Blattsalat mit der Marinade mischen, anrichten. Mit Orangenscheiben und Baumnüssen garnieren.

Varianten

Zitrusfrüchte durch gebratene Pilze ersetzen. Dazu 100 g Pilze putzen und in mundgerechte Stücke schneiden, in wenig Olivenöl braten, mit Salz, Pfeffer und Thymianblättchen würzen. Oder 100 g Tofuwürfelchen mit Sojasauce beträufeln und 1 Stunde marinieren, in wenig Olivenöl knusprig braten.

Ballaststoffe gesamt (g)	**10**
Eiweiss (g)	**17**
Fett (g)	**48**
Kilojoule (kJ)	**3028**
Kilokalorien (kcal)	**723**
Kohlenhydrate (g)	**54**
gesättigte Fettsäuren (g)	**17,9**
einfach ungesättigte Fettsäuren (g)	**23,4**
mehrfach ungesättigte Fettsäuren (g)	**3,6**
Natrium (mg)	**906**

Champignons-Carpaccio

für 2 Personen

- 150 g grosse weisse Champignons oder Shiitake

Vinaigrette

- ½ Zitrone, Saft
- 2 EL weisser Balsamico
- 4 EL Olivenöl oder kalt gepresstes Rapsöl
- gehackte glattblättrige Petersilie
- Salz
- frisch gemahlener Pfeffer

- 20 g fein geriebener Käse, z. B. Sbrinz

1 Vinaigrette zubereiten, mit Salz und Pfeffer würzen.

2 Champignons oder Shiitake in feine Scheiben schneiden.

3 Die Pilzscheiben auf zwei Tellern oder einer Platte anrichten, mit der Vinaigrette beträufeln, 10 Minuten marinieren. Sbrinz darüberstreuen.

Ballaststoffe gesamt (g)	**2**
Eiweiss (g)	**5**
Fett (g)	**32**
Kilojoule (kJ)	**1373**
Kilokalorien (kcal)	**327**
Kohlenhydrate (g)	**5**
gesättigte Fettsäuren (g)	**5,5**
einfach ungesättigte Fettsäuren (g)	**21,9**
mehrfach ungesättigte Fettsäuren (g)	**3**
Natrium (mg)	**476**

Spinatsalat mit Sbrinz und Pinienkernen

für 2 Personen

- 250 g junger Blattspinat

Vinaigrette
- ½–1 Zitrone, Saft
- Meersalz
- frisch gemahlener Pfeffer
- 2 EL Olivenöl oder kalt gepresstes Rapsöl

- 2 EL trocken geröstete Pinienkerne
- 50 g gehobelter Sbrinz

1 Die Vinaigrette zubereiten.
2 Die Spinatblätter je nach Grösse ganz lassen oder in Streifen schneiden.
3 Spinat auf Tellern anrichten, Vinaigrette darüberträufeln, Pinienkerne und Sbrinz darüberstreuen.

Abbildung vorne

Ballaststoffe gesamt (g)	4
Eiweiss (g)	15
Fett (g)	32
Kilojoule (kJ)	1483
Kilokalorien (kcal)	354
Kohlenhydrate (g)	2
gesättigte Fettsäuren (g)	8,4
einfach ungesättigte Fettsäuren (g)	16,3
mehrfach ungesättigte Fettsäuren (g)	5,4
Natrium (mg)	762

Fenchelcarpaccio

für 2 Personen

- 2 mitttelgrosse Fenchel
- Meersalz
- 1 Zitrone, Saft
- Olivenöl oder kalt gepresstes Rapsöl
- 30 g gehobelter Sbrinz oder anderer Hartkäse

1 Die grobfasrigen Teile beim Fenchel entfernen oder mit dem Sparschäler abschälen, die Knollen auf dem Gemüsehobel fein hobeln.
2 Fenchelstreifen leicht salzen, mit Zitronensaft und Olivenöl oder Rapsöl beträufeln, mit Sbrinz garnieren.

Abbildung hinten

Ballaststoffe gesamt (g)	5
Eiweiss (g)	8
Fett (g)	11
Kilojoule (kJ)	618
Kilokalorien (kcal)	148
Kohlenhydrate (g)	4
gesättigte Fettsäuren (g)	2,8
einfach ungesättigte Fettsäuren (g)	6
mehrfach ungesättigte Fettsäuren (g)	1
Natrium (mg)	224

Oliven-Focaccia

für 2 Personen

Hefeteig

- 200 g Dinkelruchmehl
- ½ TL Salz
- 10 g Hefe
- 0,8 dl/80 ml lauwarmes Wasser
- 2 EL Olivenöl

Belag

- 2 Knoblauchzehen, in feinen Scheiben
- 80 g entsteinte schwarze Oliven, in Ringen
- 50 g Ricotta, nach Belieben
- Meersalz
- frisch gemahlener Pfeffer
- 3 EL Olivenöl

1 Für den Teig das Mehl und das Salz in einer Schüssel mischen, eine Vertiefung formen. Hefe und Wasser in die Vertiefung geben und glatt rühren, 1 bis 2 Esslöffel Mehl darüberstreuen, Vorteig etwa 10 Minuten gehen lassen. Olivenöl zum Vorteig geben und das Ganze zu einem Teig zusammenfügen, am besten mit dem Handrührgerät 10 Minuten kneten. Die Teigschüssel mit einem feuchten Tuch bedecken und den Teig bei Zimmertemperatur 1 Stunde gehen lassen.

2 Den Backofen auf 220 °C vorheizen.

3 Hefeteig nochmals kurz durchkneten. Mit Teigholz oder von Hand gut flach klopfen, auf ein mit Backpapier belegtes Blech legen. 10 Minuten gehen lassen, mit einem Finger ein paar Mal gut eindrücken. Teig mit Knoblauchscheiben, Oliven und Ricotta belegen, mit Salz und Pfeffer würzen, mit Olivenöl beträufeln.

4 Focaccia in der Mitte in den vorgeheizten Ofen schieben und bei 220 °C 10 bis 15 Minuten backen.

Ballaststoffe gesamt (g)	**11**
Eiweiss (g)	**19**
Fett (g)	**58**
Kilojoule (kJ)	**3620**
Kilokalorien (kcal)	**865**
Kohlenhydrate (g)	**69**
gesättigte Fettsäuren (g)	**7,6**
einfach ungesättigte Fettsäuren (g)	**37**
mehrfach ungesättigte Fettsäuren (g)	**4,9**
Natrium (mg)	**878**

Bohnen-Sardellen-Paste für Crostini

für 2 Personen

- 125 g gekochte weisse Bohnen aus der Dose, abgetropft
- 3 EL Olivenöl oder kalt gepresstes Rapsöl
- 2 Sardellenfilets
- 1 ½ TL Senf
- 1 Knoblauchzehe, zerkleinert
- 1 Handvoll abgezupfte glattblättrige Petersilie
- wenig Zitronensaft
- Salz, nach Belieben
- frisch gemahlener Pfeffer

- 4 Scheiben Ruch-/Schwarzbrot

- glattblättrige Petersilie oder Rucola

1 Weisse Bohnen, Olivenöl oder Rapsöl, Sardellenfilets, Senf, Knoblauchzehe sowie Petersilie zu einer homogenen Paste mixen, mit Zitronensaft, Salz und Pfeffer abschmecken. Wenn die Paste zu trocken ist, mit wenig Wasser, Gemüsebrühe oder Öl verdünnen.

2 Brotscheiben im Ofen bei starker Hitze hellbraun rösten.

3 Bohnen-Sardellen-Paste auf den warmen Brotscheiben verstreichen. Mit Petersilie oder Rucola garnieren.

Mahlzeit

Mit einem Salat oder einer Suppe kombinieren.

Ballaststoffe gesamt (g)	**20**
Eiweiss (g)	**22**
Fett (g)	**25**
Kilojoule (kJ)	**2379**
Kilokalorien (kcal)	**568**
Kohlenhydrate (g)	**64**
gesättigte Fettsäuren (g)	**3,6**
einfach ungesättigte Fettsäuren (g)	**16,3**
mehrfach ungesättigte Fettsäuren (g)	**3,2**
Natrium (mg)	**498**

Lauwarmer Lauch mit Nussvinaigrette

für 2 Personen

- 2 mittelgrosse Lauchstangen
- 1 dl/100 ml Gemüsebrühe
- 1 dl/100 ml Weisswein
- 1 Lorbeerblatt
- 2 zerdrückte Pfefferkörner

Sauce

- 1 dl/100 ml Lauchfond
- 4 EL Olivenöl oder kalt gepresstes Rapsöl oder je 2 EL Olivenöl/kalt gepresstes Rapsöl und Baumnuss-/Walnussöl
- 1 Zitrone, Saft, oder 1–2 EL Weissweinessig und wenig Balsamico
- Meersalz
- frisch gemahlener Pfeffer

- 2 EL fein geschnittener Schnittlauch
- 1 hart gekochtes Ei, gehackt
- 25 g gehackte Baumnuss-/Walnusskerne

1 Die äusseren Blätter und die grobfasrigen grünen Teile beim Lauch entfernen, die Stangen längs halbieren, in 6 bis 8 cm lange Stücke schneiden.

2 Gemüsebrühe und Weisswein, Lorbeerblatt und zerdrückte Pfefferkörner bei schwacher Hitze etwa 5 Minuten kochen. Lauch zufügen und knackig garen. Lorbeerblatt entfernen. Lauch auf Teller verteilen.

3 Lauchsud, Öl und Zitronensaft sämig rühren, mit Salz und Pfeffer würzen, über den noch warmen Lauch verteilen, mit Schnittlauch, Ei und Nüssen garnieren.

Mahlzeit

Mit Brot oder Kartoffeln servieren.

Ballaststoffe gesamt (g)	**6**
Eiweiss (g)	**11**
Fett (g)	**58**
Kilojoule (kJ)	**2665**
Kilokalorien (kcal)	**637**
Kohlenhydrate (g)	**11**
gesättigte Fettsäuren (g)	**8,7**
einfach ungesättigte Fettsäuren (g)	**34,9**
mehrfach ungesättigte Fettsäuren (g)	**11**
Natrium (mg)	**542**

Gefüllter weisser Chicorée

für 2 Personen

- weisser Chicorée und/oder Cicorino rosso

- 1 kleine rohe Rande/Rote Bete
- 1–2 Karotten
- 1 kleines Stück Knollensellerie
- 1 Zitrone, Saft
- Meersalz
- frisch gemahlener Pfeffer
- 3–4 EL Olivenöl oder kalt gepresstes Rapsöl oder Baumnuss-/Walnussöl

- Grapefruitstückchen, für die Garnitur
- glattblättrige Petersilie, für die Garnitur
- gehackte Haselnüsse, für die Garnitur
- Pinienkerne, für die Garnitur

1. Weissen Chicorée und Cicorino rosso in die einzelnen Blätter zerlegen.
2. Rande, Karotten und Knollensellerie schälen, auf der Bircherreibe nicht zu fein reiben. Einzeln mit wenig Zitronensaft mischen, mit Salz und Pfeffer würzen. Die Randen und die Karotten mit Olivenöl oder Rapsöl, den Sellerie mit Baumnuss-/Walnussöl abschmecken.
3. Salate auf den Blättern des weissen Chicorées und des Cicorino rosso anrichten. Garnieren.

Ballaststoffe gesamt (g)	**18**
Eiweiss (g)	**8**
Fett (g)	**27**
Kilojoule (kJ)	**1706**
Kilokalorien (kcal)	**407**
Kohlenhydrate (g)	**31**
gesättigte Fettsäuren (g)	**4**
einfach ungesättigte Fettsäuren (g)	**18,7**
mehrfach ungesättigte Fettsäuren (g)	**2,8**
Natrium (mg)	**726**

Vegetarische Mahlzeiten

Rohkoststängel mit Kräuterquark und Ofenkartoffeln

für 2 Personen

Ofenkartoffeln

- 400–500 g kleine Kartoffeln
- frische oder getrocknete Lorbeerblätter
- Kräutermeersalz
- Olivenöl oder Rapskernbratöl

- 1 Kohlrabi
- 2 Karotten
- 4 Grünspargel (Frühling) oder 1 Rettich (Herbst, Winter)
- 2–3 Sprossen Stangensellerie
- weisser Chicorée

Kräuterquark

- 250 g Vollmilchquark
- 1 TL Hefeflocken, nach Belieben
- 1 EL Leinsamenöl
- 1–2 EL fein gehackte Kräuter, z. B. Petersilie, Majoran, Dill, Rucola, Selleriegrün, je nach Jahreszeit und Angebot
- Kräutermeersalz
- frisch gemahlener Pfeffer

1 Die Kartoffeln waschen, mit den Lorbeerblättern auf Holzspiesschen reihen. Spiesschen in eine mit Backpapier belegte Gratinform legen, mit Kräutersalz würzen, mit Olivenöl oder Rapskernöl einpinseln. Spiesschen in der Mitte in den Backofen schieben und bei 220 °C rund 25 Minuten backen, Garprobe machen.

2 Gemüse schälen/putzen, in Stängelchen schneiden, in einer Schale oder in einem Glas anrichten.

3 Die Zutaten für den Kräuterquark glatt rühren, mit Kräutersalz und Pfeffer abschmecken.

Ballaststoffe gesamt (g)	**15**
Eiweiss (g)	**29**
Fett (g)	**11**
Kilojoule (kJ)	**1847**
Kilokalorien (kcal)	**441**
Kohlenhydrate (g)	**54**
gesättigte Fettsäuren (g)	**1,6**
einfach ungesättigte Fettsäuren (g)	**5,9**
mehrfach ungesättigte Fettsäuren (g)	**2,7**
Natrium (mg)	**542**

Bündner Gerstotto mit Kürbis und Spinat

für 2 Personen

- 150 g Rollgerste
- 4 dl/400 ml Wasser
- 2 EL Olivenöl oder kalt gepresstes Rapsöl
- 1 Zwiebel, fein gewürfelt
- 300 g fruchtiges Kürbisfleisch, z. B. Muscade de Provence oder Potimarron
- 1 Zucchino
- wenig Gemüsebrühe
- frisch gemahlener Pfeffer
- 2 EL gehackte glattblättrige Petersilie
- 1–2 EL Olivenöl oder kalt gepresstes Rapsöl
- wenig geriebener Bündner Bergkäse oder Sbrinz

1 Rollgerste und Wasser aufkochen, 5 Minuten sprudelnd kochen, auf der ausgeschalteten Wärmequelle 30 Minuten quellen lassen.

2 Den Kürbis klein würfeln. Den Zucchino beidseitig kappen, klein würfeln. Zwiebeln im Olivenöl oder Rapsöl andünsten, Kürbis und Zucchini zugeben und mitdünsten, mit wenig Gemüsebrühe ablöschen, köcheln, bis das Gemüse weich ist. Gerste unterrühren, mit Pfeffer, Petersilie, Olivenöl oder Rapsöl und geriebenem Käse abrunden.

Varianten

Eine Handvoll kleinblättrige Spinatblätter oder Rucolablätter ganz am Schluss unterrühren. Rollgerste durch Risottoreis ersetzen.

Ballaststoffe gesamt (g)	**9**
Eiweiss (g)	**13**
Fett (g)	**34**
Kilojoule (kJ)	**2537**
Kilokalorien (kcal)	**605**
Kohlenhydrate (g)	**63**
gesättigte Fettsäuren (g)	**5,7**
einfach ungesättigte Fettsäuren (g)	**22,1**
mehrfach ungesättigte Fettsäuren (g)	**3,9**
Natrium (mg)	**401**

Gemüsecurry mit Peperoni und Kichererbsen

für 2 Personen

- 2 EL Olivenöl oder kalt gepresstes Rapsöl
- 1 kleine Zwiebel
- 150 g grüne Bohnen
- 150 g milde grüne Peperoncini oder grüne Peperoni/Gemüsepaprika
- 1 kleiner Lauch
- 2 TL mittelscharfer Curry
- 1 Prise Kreuzkümmel
- 1 kleines Stück scharfe rote Chilischote, nach Belieben
- 2 dl/200 ml Gemüsebrühe
- ca. 1 dl/100 ml Kokosnussmilch
- 150 g gekochte Kichererbsen aus der Dose
- Meersalz
- fein gehackte Petersilie

1 Zwiebel in feine Ringe schneiden. Stielansatz bei den grünen Bohnen abschneiden. Peperoncini in feine Ringe schneiden. Rote Chilischote ebenfalls in feine Ringe schneiden. Grobfasrige Teile beim Lauch entfernen, längs halbieren, quer in Streifchen schneiden.

2 Zwiebeln im Olivenöl oder Rapsöl andünsten, Bohnen, Peperoncini und Lauch 2 bis 5 Minuten mitdünsten, würzen, mit der Gemüsebrühe ablöschen, bei mittlerer Hitze etwa 15 Minuten kochen, bis das Gemüse weich ist. Kokosnussmilch und Kichererbsen zufügen, erhitzen, mit Salz abschmecken.

3 Das Gemüsecurry mit der Petersilie garnieren.

Tipp

Mit Reis servieren.

Ballaststoffe gesamt (g)	**10**
Eiweiss (g)	**12**
Fett (g)	**20**
Kilojoule (kJ)	**1521**
Kilokalorien (kcal)	**363**
Kohlenhydrate (g)	**33**
gesättigte Fettsäuren (g)	**3,2**
einfach ungesättigte Fettsäuren (g)	**11,3**
mehrfach ungesättigte Fettsäuren (g)	**4,1**
Natrium (mg)	**1133**

Spiralnudeln mit grünen Erbsen und Ricotta

für 2 Personen

- 160–200 g Spiralnudeln

- 2–3 EL Olivenöl
- 1 kleine Zwiebel, fein gewürfelt
- 150 g ausgelöste grüne Erbsen
- 100 g Ricotta
- 1 kleiner Bund Basilikum, Blättchen abgezupft und in Streifen
- Meersalz
- frisch gemahlener Pfeffer
- 30 g geriebener Käse, z. B. Sbrinz
- Pinienkerne, für die Garnitur

1 Zwiebeln im Olivenöl 2 bis 3 Minuten dünsten, grüne Erbsen kurz mitdünsten.

2 Spiralnudeln gemäss Packungsbeschrieb al dente kochen, abgiessen.

3 Spiralnudeln, Basilikum und Ricotta unter die Erbsen mischen, erhitzen, abschmecken. Anrichten. Käse darüberstreuen, mit ein paar Pinienkernen garnieren.

Ballaststoffe gesamt (g)	**9**
Eiweiss (g)	**27**
Fett (g)	**32**
Kilojoule (kJ)	**3003**
Kilokalorien (kcal)	**718**
Kohlenhydrate (g)	**79**
gesättigte Fettsäuren (g)	**5**
einfach ungesättigte Fettsäuren (g)	**14,6**
mehrfach ungesättigte Fettsäuren (g)	**3,2**
Natrium (mg)	**521**

Penne mit Grünspargel

für 2 Personen

- 200 g Penne
- 1 Bund Grünspargel
- 1–2 EL fein geschnittene Bärlauchblätter
- 4 EL Olivenöl oder kalt gepresstes Rapsöl
- frisch gemahlener Pfeffer
- 100 g Ziegen- oder Kuhmilchfrischkäse, gewürfelt, oder 20 g gehobelter Sbrinz

1 Unteres Drittel beim Grünspargel schälen, Schnittstelle um etwa 3 cm kürzen, Stangen in 2 bis 3 Stücke schneiden.

2 Penne gemäss Packungsbeschrieb in reichlich Salzwasser al dente kochen, Spargelstücke 4 bis 5 Minuten, Bärlauch 1 bis 2 Minuten mitkochen, abgiessen, Kochwasser auffangen (für eine Suppe verwenden; es enthält wertvolle Mineralstoffe).

3 Penne mit Olivenöl oder Rapsöl, Pfeffer und Frischkäse oder Sbrinz abschmecken.

Ballaststoffe gesamt (g)	**9**
Eiweiss (g)	**18**
Fett (g)	**47**
Kilojoule (kJ)	**3267**
Kilokalorien (kcal)	**781**
Kohlenhydrate (g)	**73**
gesättigte Fettsäuren (g)	**14,1**
einfach ungesättigte Fettsäuren (g)	**26,2**
mehrfach ungesättigte Fettsäuren (g)	**3,8**
Natrium (mg)	**194**

Maisgratin mit Brokkoli und Feta

für 2 Personen

- 80 g feiner Maisgriess
- ½ dl/50 ml Milch
- 1 ¼ dl/125 ml Gemüsebrühe
- 1 EL Olivenöl oder kalt gepresstes Rapsöl
- 1 mittelgrosse Karotte
- 150 g Brokkoliröschen
- ½ dl/50 ml Gemüsebrühe
- 1 Ei, Eigelb und Eiweiss getrennt
- gehackter Thymian oder Salbei oder Majoran
- 1–2 EL geriebener Sbrinz
- frisch gemahlener Pfeffer
- 100 g Fetawürfelchen

1 Milch mit Gemüsebrühe aufkochen, Maisgriess zugeben, unter Rühren bei schwacher Hitze 5 Minuten köcheln lassen, auf der ausgeschalteten Wärmequelle zugedeckt ausquellen lassen.

2 Karotte schälen und auf der Röstiraffel reiben. Karotten und Brokkoliröschen im Olivenöl oder Rapsöl andünsten, mit der Gemüsebrühe ablöschen, Gemüse knackig garen.

3 Den Backofen auf 180 °C vorheizen.

4 Das Eiweiss zu Schnee schlagen.

5 Polenta, Gemüsemischung, Eigelb, Kräuter und Sbrinz mischen, mit Pfeffer würzen. Zuerst Fetawürfelchen untermischen, dann Eischnee unterheben. In eine eingefettete Gratinform füllen.

6 Maisgratin in der Mitte in den Backofen schieben und bei 180 °C 35 bis 40 Minuten backen.

Ballaststoffe gesamt (g)	**7**
Eiweiss (g)	**25**
Fett (g)	**26**
Kilojoule (kJ)	**2015**
Kilokalorien (kcal)	**481**
Kohlenhydrate (g)	**36**
gesättigte Fettsäuren (g)	**10,6**
einfach ungesättigte Fettsäuren (g)	**10,7**
mehrfach ungesättigte Fettsäuren (g)	**3**
Natrium (mg)	**1042**

Risotto mit Cicorino rosso und Spinat

für 2 Personen

- 2 EL Olivenöl oder kalt gepresstes Rapsöl
- 1 kleine Zwiebel
- 200 g Risottoreis
- ½ EL fein gehackte Rosmarinnadeln oder fein gehackter Thymian
- 1 dl/100 ml Weisswein
- ca. 7 dl/700 ml Gemüsebrühe
- 1 Cicorino rosso
- 2 Handvoll Spinat
- frisch gemahlener Pfeffer
- 2 EL geriebener Käse, z. B. Sbrinz
- Olivenöl, zum Abschmecken, nach Belieben

1 Die Zwiebel schälen, fein hacken. Beim Cicorino rosso die äusseren Blätter entfernen, Köpfchen halbieren und quer in Streifen schneiden. Spinat in Streifen schneiden.

2 Zwiebeln im Olivenöl oder Rapsöl andünsten, Reis und Rosmarinnadeln mitdünsten, mit Weisswein und Gemüsebrühe ablöschen und unter zeitweiligem Rühren 20 bis 25 Minuten köcheln lassen. Cicorino rosso die letzten 5 Minuten, den Spinat die letzten 3 Minuten mitkochen. Den Risotto mit Pfeffer abschmecken, den Käse unterrühren, mit Olivenöl abrunden.

Varianten

Cicorino rosso durch Kürbiswürfelchen, Spinat durch Rucola oder Petersilie ersetzen.

Ballaststoffe gesamt (g)	**11**
Eiweiss (g)	**20**
Fett (g)	**34**
Kilojoule (kJ)	**3188**
Kilokalorien (kcal)	**756**
Kohlenhydrate (g)	**85**
gesättigte Fettsäuren (g)	**6,2**
einfach ungesättigte Fettsäuren (g)	**18,3**
mehrfach ungesättigte Fettsäuren (g)	**6,7**
Natrium (mg)	**946**

Spiralnudeln mit Zucchini und Peperoni

für 2 Personen

- 200 g Spiralnudeln oder andere Teigwaren
- 1 EL Olivenöl
- 1 rote Peperoni/Paprikaschote
- 2–3 kleine Zucchini
- wenig frischer Thymian oder Majoran oder Rosmarin, fein gehackt, nach Belieben
- 1 Schöpflöffel Teigwarenwasser
- Kräutermeersalz
- frisch gemahlener Pfeffer
- 1 EL Olivenöl
- 100–150 g Champignons
- 40 g geriebener Sbrinz
- gehackte glattblättrige Petersilie
- 4 EL Olivenöl, zum Beträufeln, nach Belieben

1 Teigwaren in reichlich Salzwasser al dente kochen, einen Schöpflöffel Kochwasser für das Gemüse entnehmen, die Teigwaren abgiessen und mit kaltem Wasser abschrecken.

2 Die Peperoni halbieren, Stielansatz und Kerne entfernen, die beiden Hälften in etwa 3 cm grosse Quadrate schneiden. Die Zucchini beidseitig kappen, in 5 bis 10 mm dicke Scheiben schneiden. Die Champignons je nach Grösse halbieren, vierteln oder Pilze in etwa 2 mm dicke Scheiben schneiden.

3 Peperoni, Zucchini und frische Kräuter im Olivenöl andünsten, nach etwa 3 Minuten ein wenig Teigwarenwasser zugeben und nochmals 2 bis 4 Minuten dünsten, mit Salz und Pfeffer würzen.

4 Champignons in einer beschichteter Bratpfanne im Olivenöl rührbraten. Zucchini-Peperoni-Gemüse und Spiralnudeln zugeben, erhitzen. Anrichten. Käse und Petersilie darüberstreuen. Mit Olivenöl abschmecken.

Ballaststoffe gesamt (g)	**12**
Eiweiss (g)	**26**
Fett (g)	**53**
Kilojoule (kJ)	**3744**
Kilokalorien (kcal)	**894**
Kohlenhydrate (g)	**79**
gesättigte Fettsäuren (g)	**9,5**
einfach ungesättigte Fettsäuren (g)	**33,6**
mehrfach ungesättigte Fettsäuren (g)	**6,4**
Natrium (mg)	**571**

Kartoffel-Schnittlauch-Puffer

ergibt ca. 8 Puffer

- 250 g mehligkochende Kartoffeln
- 2 EL Vollkornmehl
- 3 EL fein geschnittener Schnittlauch oder 3 EL fein gehackte glattblättrige Petersilie
- Meersalz
- frisch gemahlener Pfeffer

- 2 EL Olivenöl

1 Die Kartoffeln in der Schale im Dampf weich garen, noch heiss schälen und mit einer Gabel fein zerdrücken, mit den restlichen Zutaten vermengen, mit Salz und Pfeffer abschmecken. Abkühlen lassen. Dann im Kühlschrank 20 Minuten ruhen lassen.

2 Aus der Kartoffelmasse etwa 8 Puffer formen und in einer beschichteten Bratpfanne im Olivenöl beidseitig bei mittlerer Hitze braten.

Variante

50 g Frischkäse unter die Kartoffelmasse mischen.

Ballaststoffe gesamt (g)	**6**
Eiweiss (g)	**5**
Fett (g)	**16**
Kilojoule (kJ)	**1145**
Kilokalorien (kcal)	**273**
Kohlenhydrate (g)	**28**
gesättigte Fettsäuren (g)	**2,3**
einfach ungesättigte Fettsäuren (g)	**10,7**
mehrfach ungesättigte Fettsäuren (g)	**1,7**
Natrium (mg)	**385**

Spaghetti mit Dörrtomatenpesto

für 2 Personen

- 200 g mittelfeine Spaghetti

Dörrtomatenpesto

- 50 g eingelegte Dörrtomaten, ohne Öl
- 1 Sträusschen Basilikum oder glattblättrige Petersilie
- 3 EL Olivenöl oder kalt gepresstes Rapsöl
- 1 Schöpflöffel Spaghettiwasser
- frisch gemahlener Pfeffer

- 2 EL geriebener Sbrinz
- Dörrtomaten, für die Garnitur
- Basilikum, für die Garnitur

1 Dörrtomaten, abgezupfte Basilikumblättchen oder abgezupfte Petersilie und Olivenöl oder Rapsöl zu einer nicht zu feinen Paste mixen.

2 Spaghetti gemäss Packungsbeschrieb in reichlich Salzwasser al dente kochen, einen Schöpflöffel des Kochwassers unter den Dörrtomatenpesto rühren. Die Spaghetti in ein Sieb abgiessen.

3 Die heissen Spaghetti mit dem Dörrtomatenpesto mischen, mit Pfeffer abschmecken, anrichten, mit dem Käse bestreuen, mit den Dörrtomaten und dem Basilikum garnieren.

Ballaststoffe gesamt (g)	**5**
Eiweiss (g)	**18**
Fett (g)	**28**
Kilojoule (kJ)	**2513**
Kilokalorien (kcal)	**600**
Kohlenhydrate (g)	**69**
gesättigte Fettsäuren (g)	**5,4**
einfach ungesättigte Fettsäuren (g)	**17,2**
mehrfach ungesättigte Fettsäuren (g)	**3,5**
Natrium (mg)	**194**

Spinatquiche

für 2 Personen

für eine Form von 28 cm Durchmesser oder 6 Portionenformen

Mürbeteig

- 100 g feines Dinkelruchmehl
- 1 Prise Meersalz
- 40 g kalte Butterstückchen
- 70 g Magerquark

Belag

- 500 g kleinblättriger Spinat, im Frühling eventuell mit Bärlauch gemischt
- 2 Eier
- 1,2 dl/120 ml Halbrahm
- 1 EL Olivenöl oder kalt gepresstes Rapsöl
- 50 g Kuhmilch- oder Ziegenmilchfrischkäse
- frisch gemahlener Pfeffer
- Muskatnuss
- Kräutermeersalz

Ballaststoffe gesamt (g)	**11**
Eiweiss (g)	**30**
Fett (g)	**56**
Kilojoule (kJ)	**3242**
Kilokalorien (kcal)	**773**
Kohlenhydrate (g)	**38**
gesättigte Fettsäuren (g)	**27,1**
einfach ungesättigte Fettsäuren (g)	**19**
mehrfach ungesättigte Fettsäuren (g)	**3,7**
Natrium (mg)	**752**

1 Für den Mürbeteig Mehl und Salz mischen, Butterstückchen mit dem Mehl krümelig reiben, Quark zugeben, zu einem Teig zusammenfügen. Nicht kneten. Teig zwischen 2 Klarsichtfolien auf Blechgrösse ausrollen, eine Folie entfernen und Teig in die gut eingefettete Form stürzen, die zweite Folie entfernen, Teig mit einer Gabel ein paar Mal einstechen. 30 Minuten kühl stellen.

2 Den Backofen auf 200 °C vorheizen. Teigboden 10 Minuten blind backen. Herausnehmen.

3 Den Backofen auf 220 °C vorheizen.

4 Spinat waschen und tropfnass in die Pfanne geben, bei mittlerer Hitze zugedeckt zusammenfallen lassen. Auskühlen lassen, grob hacken.

5 Eier, Halbrahm und Olivenöl verquirlen. Zuerst den gehackten Spinat unterrühren, dann den grob zerbröckelten Frischkäse zugeben, leicht verrühren, der Käse darf noch etwas «bröckeln», würzen. Spinatmasse auf den vorgebackenen Teigboden verteilen.

6 Spinatquiche in der Mitte in den Ofen schieben, bei 220 °C etwa 25 Minuten backen.

Mahlzeit

Mit einem bunten Salat servieren.

Penne mit Sugo von Auberginen und Tomaten

für 2 Personen

- 200 g Penne oder Orecchiette

Sugo

- 2 EL Olivenöl
- 2 Knoblauchzehen, fein gewürfelt
- 1 Aubergine
- 4 Tomaten
- Meersalz
- frisch gemahlener Pfeffer
- 10 Basilikumblättchen, fein geschnitten
- 1 EL Pinienkerne
- Olivenöl, zum Beträufeln
- 2 EL geriebener Käse, nach Belieben

1 Den Backofen auf 250 °C vorheizen.

2 Aubergine und Tomaten in eine feuerfeste Form legen, ohne Beigabe von Öl. Form in der Mitte in den Backofen schieben. Gemüse bei 250 °C etwa 30 Minuten schmoren, herausnehmen. Tomatenfleisch mit einer Gabel aus der Haut in eine Schüssel drücken. Die Aubergine halbieren und das weiche Fleisch mit einer Gabel herausdrücken. Die beiden Gemüse hacken.

3 Knoblauchzehen im Olivenöl andünsten, Tomaten- und Auberginenfleisch zugeben und 5 Minuten mitdünsten, mit Salz und Pfeffer würzen, Basilikum unterrühren.

4 Die Penne gemäss Packungsbeschrieb in reichlich Salzwasser al dente kochen, abgiessen und zum Sugo geben, gut mischen. Anrichten. Mit den Pinienkernen bestreuen, Olivenöl darüberträufeln. Mit dem Käse bestreuen.

Ballaststoffe gesamt (g)	**15**
Eiweiss (g)	**20**
Fett (g)	**30**
Kilojoule (kJ)	**2821**
Kilokalorien (kcal)	**673**
Kohlenhydrate (g)	**79**
gesättigte Fettsäuren (g)	**5,6**
einfach ungesättigte Fettsäuren (g)	**18,5**
mehrfach ungesättigte Fettsäuren (g)	**4,6**
Natrium (mg)	**528**

Schnelle Tomatensauce

für 4 Portionen

- 2 EL Olivenöl oder kalt gepresstes Rapsöl
- 1 grosse Zwiebel
- 1 Knoblauchzehe
- 1 Zweig Oregano oder Majoran
- 800 g reife Tomaten
- 1 dl/100 ml Rotwein
- Meersalz
- frisch gemahlener Pfeffer
- 2 EL Olivenöl oder kalt gepresstes Rapsöl

1 Zwiebel und Knoblauchzehe schälen und grob hacken. Tomaten an der Spitze kreuzweise einschneiden, in einem Schaumlöffel in kochendes Wasser tauchen, bis sich die Haut löst, unter kaltem Wasser abschrecken, die Tomaten schälen, den Stielansatz ausstechen, Tomaten grob hacken.

2 Zwiebeln und Knoblauch im Olivenöl oder Rapsöl andünsten, Tomaten und Kräuter mitdünsten, mit Rotwein ablöschen, 15 bis 20 Minuten köcheln, bis die Tomaten zerfallen sind, nach Belieben pürieren. Mit Salz, Pfeffer und Olivenöl oder Rapsöl abschmecken.

Tipp

Passt zu Pasta, Reis, Kartoffeln und vielem mehr.

Ballaststoffe gesamt (g)	**2**
Eiweiss (g)	**2**
Fett (g)	**15**
Kilojoule (kJ)	**796**
Kilokalorien (kcal)	**189**
Kohlenhydrate (g)	**7**
gesättigte Fettsäuren (g)	**2,3**
einfach ungesättigte Fettsäuren (g)	**10,8**
mehrfach ungesättigte Fettsäuren (g)	**1,6**
Natrium (mg)	**209**

Kartoffel-Zucchini-Flan

für 2 Personen

- 1–2 EL Olivenöl oder kalt gepresstes Rapsöl
- 150 g festkochende Kartoffeln
- 150 g Zucchini
- 2 EL gehackte glattblättrige Petersilie oder Majoran oder 2 EL fein geschnittener Schnittlauch
- 3 Eier
- Kräutermeersalz

1 Die Kartoffeln schälen und in möglichst feine Scheiben hobeln. Die Zucchini beidseitig kappen und ebenfalls in feine Scheiben hobeln.
2 Den Backofen auf 180 °C vorheizen.
3 Kartoffeln und Zucchini im Olivenöl oder Rapsöl unter Rühren 4 bis 5 Minuten dünsten, die Kräuter untermischen. Pfanne von der Wärmequelle nehmen. Eier verquirlen, mit dem Gemüse vermengen, mit Salz und Pfeffer abschmecken. Die Masse am besten in Silikonförmchen füllen.
4 Die Förmchen in der Mitte in den Ofen schieben, Flans bei 180 °C 25 bis 30 Minuten backen. Nadelprobe machen. Kann warm oder kalt serviert werden.

Mahlzeit

Mit einer Karottensauce servieren. Dazu gekochte Karotten mit wenig Rahm pürieren, würzen, mit gehackter glattblättriger Petersilie bestreuen. Mit einem bunten Blattsalat servieren.

Ballaststoffe gesamt (g)	**4**
Eiweiss (g)	**16**
Fett (g)	**26**
Kilojoule (kJ)	**1468**
Kilokalorien (kcal)	**350**
Kohlenhydrate (g)	**15**
gesättigte Fettsäuren (g)	**5,3**
einfach ungesättigte Fettsäuren (g)	**14,7**
mehrfach ungesättigte Fettsäuren (g)	**3**
Natrium (mg)	**518**

Indisches Auberginen-Kartoffel-Ragout

für 2 Personen

- 1–2 EL Olivenöl oder kalt gepresstes Rapsöl
- 1 kleine Zwiebel, je nach Verträglichkeit
- 200–250 g Auberginen
- 200–250 g festkochende Kartoffeln
- 1–2 TL milder Curry
- wenig Kurkuma, nach Belieben
- 2 dl/200 ml Gemüsebrühe
- ca. 2 EL Crème fraîche oder Joghurt
- 1–2 EL gehackte glattblättrige Petersilie
- frischer Thymian, nach Belieben

- einige trocken geröstete Pinien- oder Cashewkerne, für die Garnitur

1 Die Zwiebel schälen und in feine Ringe schneiden. Die Auberginen beidseitig kappen, in mittelgrosse Würfel schneiden. Die Kartoffeln schälen, in gleich grosse Würfel schneiden.

2 Zwiebeln im Olivenöl oder Rapsöl andünsten, Auberginen und Kartoffeln kurz mitdünsten, mit Curry und Kurkuma (gibt eine schönere gelbe Farbe) darüberstreuen, mit einem Teil der Gemüsebrühe ablöschen, bei mittlerer Hitze etwa 15 Minuten köcheln, bis die Auberginen und die Kartoffeln gar sind, evtl. noch etwas Gemüsebrühe zugeben. Crème fraîche unterrühren, mit Petersilie und Thymian abrunden. Mit den gerösteten Kernen bestreuen.

Varianten

Dieses vegetarische Gericht kann mit wenig Fleisch angereichert werden. Pro Person 80 g Pouletbrust in Streifen schneiden, in einer beschichteten Bratpfanne in ein paar Tropfen Olivenöl braten, mit dem Gemüse vermengen. Oder pro Person etwa 80 g Tofuwürfel braten, mit dem Auberginen-Kartoffel-Ragout vermengen.

Ballaststoffe gesamt (g)	**8**
Eiweiss (g)	**6**
Fett (g)	**19**
Kilojoule (kJ)	**1293**
Kilokalorien (kcal)	**308**
Kohlenhydrate (g)	**27**
gesättigte Fettsäuren (g)	**3,5**
einfach ungesättigte Fettsäuren (g)	**11,7**
mehrfach ungesättigte Fettsäuren (g)	**2,9**
Natrium (mg)	**309**

Salat aus grünen Bohnen und Kartoffeln

für 2 Personen

- 300 g festkochende Kartoffeln
- 300 g zarte grüne Bohnen
- 2 dl/200 ml Gemüsebrühe

Sauce

- 1 TL Senf, nach Belieben
- 2 EL Apfelessig
- ca. 2 EL frisch gepresster Zitronensaft
- 4–5 EL Olivenöl oder kalt gepresstes Rapsöl oder halb/halb
- Meersalz
- frisch gemahlener Pfeffer
- wenig Gemüsebrühe
- reichlich gehackte glattblättrige Petersilie
- wenig gehacktes Bohnenkraut

1 Die Kartoffeln in der Schale im Dampf weich garen, noch warm schälen, in Scheiben schneiden.

2 Den Stielansatz der Bohnen abschneiden, in der Gemüsebrühe oder im Dampf knackig garen, abgiessen, mit kaltem Wasser abschrecken.

3 Die Sauce zubereiten, mit Salz, Pfeffer und Gemüsebrühe würzen, die Kräuter unterrühren.

4 Bohnen und Kartoffeln mit der Sauce mischen, 30 Minuten ziehen lassen.

Tipps

Je nach Appetit pro Person 50 g Fetawürfelchen unter den Salat mischen. Schwarze Oliven und halbierte Cherrytomaten passen ebenfalls dazu.

Ballaststoffe gesamt (g)	**8**
Eiweiss (g)	**7**
Fett (g)	**32**
Kilojoule (kJ)	**1832**
Kilokalorien (kcal)	**437**
Kohlenhydrate (g)	**28**
gesättigte Fettsäuren (g)	**4,7**
einfach ungesättigte Fettsäuren (g)	**21,9**
mehrfach ungesättigte Fettsäuren (g)	**4,2**
Natrium (mg)	**614**

Zucchinifächer mit Tomaten

für 2 Personen

- 2 mittelgrosse Zucchini
- 1 mittelgrosse Zwiebel
- 2 grosse Fleischtomaten
- 2 Zweiglein Thymian, Blättchen abgezupft
- 1 Zweiglein Rosmarin, Nadeln abgestreift und gehackt
- Salz
- frisch gemahlener Pfeffer
- 2 EL Olivenöl

1 Den Backofen auf 220 °C vorheizen.

2 Die Zucchini vom Blüten- zum Stielansatz hin 4- bis 5-mal einschneiden, aber nicht durchschneiden. Die Zwiebel schälen, in feine Scheiben schneiden. Den Stielansatz bei den Tomaten ausstechen, in 6 Scheiben schneiden.

3 Zwei kleine oder eine grosse Gratinform mit Alufolie auskleiden und grosszügig überlappen lassen. Zucchini hineinlegen, Zwiebelringe und Tomatenscheiben in die Zwischenräume legen (siehe Bild). Mit Thymian und Rosmarin bestreuen, mit Salz und Pfeffer würzen, Olivenöl darüberträufeln. Die Alufolie so verschliessen, dass oben noch eine Öffnung bleibt.

4 Die Zucchinifächer im vorgeheizten Ofen bei 220 °C etwa 25 Minuten backen.

Mahlzeit

Mit Reis oder Ofenkartoffeln, Seite 90, oder nur mit einem Salat servieren.

Ballaststoffe gesamt (g)	**3**
Eiweiss (g)	**4**
Fett (g)	**16**
Kilojoule (kJ)	**781**
Kilokalorien (kcal)	**186**
Kohlenhydrate (g)	**7**
gesättigte Fettsäuren (g)	**2,4**
einfach ungesättigte Fettsäuren (g)	**10,8**
mehrfach ungesättigte Fettsäuren (g)	**1,9**
Natrium (mg)	**396**

Gefüllte Zucchini mit Joghurt-Kräutersauce

für 2 Personen

- 2 mittelgrosse Zucchini
- wenig Gemüsebrühe

Füllung

- 2 TL Olivenöl oder kalt gepresstes Rapsöl
- 40 g Quark oder Ricotta
- 2 EL feine Haferflocken
- 2 TL fein gehackte Zwiebeln
- 1 unbehandelte Zitrone, abgeriebene Schale, nach Belieben
- 1–2 EL geriebener Käse, nach Belieben
- 2 fein gehackte Salbeiblätter
- wenig gehackter Majoran
- 1 Eigelb
- Kräutermeersalz, Pfeffer
- 1 Eiweiss, steif geschlagen

Joghurt-Kräutersauce

- 2 EL Olivenöl oder 2 EL kalt gepresstes Rapsöl
- 1 Becher (200 g) Naturjoghurt
- einige Spritzer Sojasauce
- wenig Senf
- 1 unbehandelte Zitrone, wenig abgeriebene Schale
- 1–2 EL fein gehackte Kräuter, z. B. Petersilie, Basilikum, Majoran
- Meersalz

1. Zucchini beidseitig kappen und in 4 bis 5 Stücke schneiden, mit einem Kugelausstecher aushöhlen, dabei einen Boden lassen. Zucchinihaut mit einem Ziselier- oder Rüstmesser einritzen. Zucchini in wenig Gemüsebrühe 5 Minuten garen.
2. Den Backofen auf 200 °C vorheizen.
3. Für die Füllung Zutaten mischen, mit Salz und Pfeffer würzen, den Eischnee unterziehen. Die Masse in die Zucchini füllen, diese in die eingefettete Gratinform stellen, wenig Gemüsebrühe zugeben.
4. Die Gratinform in der Mitte in den Ofen schieben, Zucchini bei 200 °C 10 bis 12 Minuten backen.
5. Die Sauce zubereiten. Separat servieren.

Mahlzeit

Mit Couscous oder Vollkornreis servieren oder für eine leichte Mahlzeit mit einem bunten Salat.

Ballaststoffe gesamt (g)	**5**
Eiweiss (g)	**21**
Fett (g)	**46**
Kilojoule (kJ)	**2463**
Kilokalorien (kcal)	**587**
Kohlenhydrate (g)	**22**
gesättigte Fettsäuren (g)	**12**
einfach ungesättigte Fettsäuren (g)	**22,5**
mehrfach ungesättigte Fettsäuren (g)	**7,6**
Natrium (mg)	**648**

Couscous-Salat mit Oliven und Feta

für 2 Personen

- 100 g Couscous
- 2 dl/200 ml heisse Gemüsebrühe
- 1 geschälte Tomate
- 1 kleine Zwiebel
- ½–1 Freilandgurke, je nach Grösse
- 12 schwarze Oliven
- 1 gelbe Peperoni/Gemüsepaprika
- 100 g gekochte Kichererbsen, nach Belieben
- 2–3 EL gehackte glattblättrige Petersilie und kräftig duftende Minze, gemischt
- 6 EL Olivenöl oder kalt gepresstes Rapsöl
- 1–2 Zitronen, je nach Saftmenge
- 50 g Fetawürfelchen

1 Couscous mit der kochenden Gemüsebrühe übergiessen, etwa 10 Minuten zugedeckt quellen lassen.

2 Bei der Tomate den Stielansatz ausstechen und klein würfeln. Die Zwiebel schälen und fein hacken. Die Gurke schälen, längs halbieren, entkernen, die beiden Hälften würfeln. Peperoni halbieren, Stielansatz und Kerne entfernen, beide Hälften würfeln.

3 Alle Zutaten mischen, mit Olivenöl oder Rapsöl und reichlich Zitronensaft abschmecken.
30 Minuten ziehen lassen. Mit Fetawürfelchen bestreuen.

Ballaststoffe gesamt (g)	**10**
Eiweiss (g)	**14**
Fett (g)	**68**
Kilojoule (kJ)	**3429**
Kilokalorien (kcal)	**818**
Kohlenhydrate (g)	**37**
gesättigte Fettsäuren (g)	**13,3**
einfach ungesättigte Fettsäuren (g)	**43,7**
mehrfach ungesättigte Fettsäuren (g)	**7,9**
Natrium (mg)	**636**

Zucchini-Kartoffel-Puffer

für 2 Personen

- 2 Eier
- 250 g geschälte mehligkochende Kartoffeln
- 120 g junge Zucchini
- Meersalz
- frisch gemahlener Pfeffer
- Muskatnuss
- wenig fein gehackter Peperoncino, nach Belieben
- 1 Bund Schnittlauch

- Olivenöl, zum Braten

1 Eier verquirlen. Kartoffeln und Zucchini auf einem Gemüsehobel in feinen Scheiben dazuhobeln und mischen. Mit Salz, Pfeffer, Muskatnuss und Peperoncino würzen. Schnittlauch fein schneiden, unterrühren.

2 In einer beschichteten Bratpfanne wenig Olivenöl erhitzen, Gemüse-Kartoffel-Masse schöpflöffelweise in die Pfanne geben, bei schwacher Hitze auf beiden Seiten je 6 Minuten braten.

Ballaststoffe gesamt (g)	**4**
Eiweiss (g)	**12**
Fett (g)	**15**
Kilojoule (kJ)	**1096**
Kilokalorien (kcal)	**261**
Kohlenhydrate (g)	**20**
gesättigte Fettsäuren (g)	**3,2**
einfach ungesättigte Fettsäuren (g)	**8**
mehrfach ungesättigte Fettsäuren (g)	**1,8**
Natrium (mg)	**471**

Gebackenes Gemüse mit Roquefort-Quark-Dip

für 2 Personen

- 1–2 ganze, erntefrische Gemüse-Knoblauchzwiebeln
- 4–8 (Bund-)Frühkarotten oder 2 Lagerkarotten
- 1 mittelgrosse Aubergine
- 2 Bund Frühlingszwiebeln mit Grün oder 2 rote Zwiebeln
- 4–6 Frühkartoffeln
- Kräutermeersalz
- 5–6 EL Olivenöl oder kalt gepresstes Rapsöl

Roquefort-Quark-Dip

- 100 g Roquefort oder Gorgonzola
- 250 g halbfetter Quark
- 2 EL Olivenöl oder kalt gepresstes Rapsöl
- 2 EL gehackte glattblättrige Petersilie
- frisch gemahlener Pfeffer

1 Knoblauchknollen mit Schale quer halbieren. Frühkarotten nicht schälen, nur das Grün auf 5 cm kürzen. Lagerkarotten schälen, längs vierteln. Auberginen beidseitig kappen, längs halbieren, die Hälften vierteln. Das Grün der Frühlingszwiebeln auf 10 cm kürzen, die Zwiebeln längs halbieren. Rote Zwiebeln schälen und vierteln. Kartoffeln unter fliessendem Wasser bürsten, nicht schälen, längs halbieren.

2 Den Backofen auf 220 °C vorheizen.

3 Ein Blech mit Backpapier belegen, Gemüse und Kartoffeln darauf verteilen, salzen, mit Olivenöl beträufeln. Im vorgeheizten Ofen bei 220 °C 25 bis 30 Minuten backen, bis das Gemüse und die Kartoffeln gar sind.

4 Für den Dip Roquefort in einer kleinen Schüssel mit einer Gabel zerdrücken, Quark, Olivenöl oder Rapsöl und Petersilie unterrühren, mit Pfeffer abschmecken.

Varianten

Den Dip durch 2 kleine Pouletschenkel ersetzen, die man mit dem Gemüse mitbrät. Gemüse 2 bis 3 Minuten vor Ende der Backzeit mit Rosmarinnadeln bestreuen.

Ballaststoffe gesamt (g)	**25**
Eiweiss (g)	**33**
Fett (g)	**82**
Kilojoule (kJ)	**4285**
Kilokalorien (kcal)	**1024**
Kohlenhydrate (g)	**38**
gesättigte Fettsäuren (g)	**22,4**
einfach ungesättigte Fettsäuren (g)	**48,4**
mehrfach ungesättigte Fettsäuren (g)	**7,3**
Natrium (mg)	**1546**

Orecchiette mit Peperonipesto

für 2 Personen

- 200 g Orecchiette

Peperonipesto

- je 2 rote und gelbe Peperoni/Gemüsepaprika
- 4–5 EL Olivenöl oder kalt gepresstes Rapsöl
- 2 EL gehackte glattblättrige Petersilie oder 2 EL fein geschnittenes Basilikum
- 1 EL Kapern, nach Belieben
- frisch gemahlener Pfeffer
- Meersalz
- wenig Teigwarenwasser

- Rucola, für die Garnitur
- wenig gehobelter Sbrinz, für die Garnitur

1 Peperoni auf ein Backblech legen, im Backofen bei 220 °C etwa 30 Minuten backen, bis die Haut fast schwarz ist und Blasen wirft. Die Peperoni mit einem feuchten Tuch bedecken, abkühlen lassen, schälen. Gemüsefrüchte halbieren, Stielansatz und Kerne entfernen, mit dem Olivenöl nicht zu fein pürieren. Kräuter und Kapern unterrühren, mit Salz und Pfeffer würzen. Vor dem Servieren nach Belieben mit Teigwarenwasser verdünnen.

2 Orecchiette nach Packungsbeschrieb in reichlich Salzwasser al dente kochen, wenig Kochwasser unter die Sauce rühren. Teigwaren abgiessen, sofort mit der Sauce vermengen. Mit Rucola und Käse garnieren.

Ballaststoffe gesamt (g)	**17**
Eiweiss (g)	**19**
Fett (g)	**41**
Kilojoule (kJ)	**3422**
Kilokalorien (kcal)	**818**
Kohlenhydrate (g)	**91**
gesättigte Fettsäuren (g)	**6,6**
einfach ungesättigte Fettsäuren (g)	**27,4**
mehrfach ungesättigte Fettsäuren (g)	**4,9**
Natrium (mg)	**452**

Muscheln mit Artischocken

für 2 Personen

- 200 g Muscheln oder Pasta nach Wahl
- 600 g marktfrische kleine Artischocken oder 300 g tiefgekühlte Artischockenherzen
- 1 Schöpflöffel Teigwarenkochwasser
- 2–3 EL Olivenöl oder kalt gepresstes Rapsöl
- ½ Bund glattblättrige Petersilie, Blättchen abgezupft und fein gehackt
- 1 EL gehackter Thymian
- 2 EL geriebener Sbrinz
- Meersalz
- frisch gemahlener Pfeffer

1 Die frischen Artischocken um die Hälfte kürzen, die äusseren zähen Blätter entfernen; dazu die Artischocken am besten probieren. Man rechnet mit etwa 50 % Rüstabfall (das Aroma zwischen frischen und tiefgekühlten Artischocken ist es aber auf jeden Fall wert). Artischocken in wenig Salzwasser 8 bis 10 Minuten kochen, abgiessen.

2 Muscheln gemäss Packungsbeschrieb in reichlich Salzwasser al dente kochen. Einen Schöpflöffel Kochwasser entnehmen. Die Muscheln abgiessen.

3 Muscheln und Artischocken mit dem Teigwarenkochwasser sowie dem Olivenöl vorsichtig erhitzen, Kräuter und Käse unterrühren, mit Salz und Pfeffer abschmecken.

Ballaststoffe gesamt (g)	**38**
Eiweiss (g)	**25**
Fett (g)	**27**
Kilojoule (kJ)	**2769**
Kilokalorien (kcal)	**661**
Kohlenhydrate (g)	**79**
gesättigte Fettsäuren (g)	**5,3**
einfach ungesättigte Fettsäuren (g)	**17**
mehrfach ungesättigte Fettsäuren (g)	**2,9**
Natrium (mg)	**649**

Gefüllte Peperoni mit Spinat und Ricotta

für 2 Personen

- 2 rote oder gelbe Peperoni/Gemüsepaprika

- 1–2 EL Olivenöl oder kalt gepresstes Rapsöl
- 1 mittelgrosse Zwiebel, fein gewürfelt
- 1 Knoblauchzehe, durchgepresst
- 400 g Spinat
- 125 g Ricotta oder Feta
- 4 EL (30 g) geriebener Sbrinz
- 2 EL Pinienkerne
- Meersalz
- frisch gemahlener Pfeffer
- ½ unbehandelte Zitrone, abgeriebene Schale

1 Peperoni halbieren, Stielansatz und Kerne entfernen, Peperonihälften in einem grossen Topf in wenig Gemüsebrühe oder im Dampf 8 Minuten garen. Spinat in der Peperonipfanne zusammenfallen lassen, abkühlen lassen, leicht ausdrücken.

2 Den Backofen auf 200 °C vorheizen.

3 Zwiebeln und Knoblauch im Olivenöl oder Rapsöl andünsten, Spinat kurz mitdünsten, abkühlen lassen. Ricotta, Sbrinz und Pinienkerne unter den Spinat rühren, mit Salz, Pfeffer und Zitronenschalen abschmecken. Peperonihälften füllen. Auf ein eingefettetes Blech stellen.

4 Blech in der Mitte in den Ofen schieben, Peperoni bei 200 °C 25 bis 30 Minuten backen.

Mahlzeit

Mit Reis servieren.

Ballaststoffe gesamt (g)	**12**
Eiweiss (g)	**22**
Fett (g)	**36**
Kilojoule (kJ)	**1952**
Kilokalorien (kcal)	**465**
Kohlenhydrate (g)	**13**
gesättigte Fettsäuren (g)	**5**
einfach ungesättigte Fettsäuren (g)	**14,5**
mehrfach ungesättigte Fettsäuren (g)	**5,6**
Natrium (mg)	**639**

Tomatensalat mit Tomme

für 2 Personen

- 4 Fleischtomaten
- 2 EL Balsamico
- 4 EL Olivenöl oder kalt gepresstes Rapsöl
- Meersalz
- frisch gemahlener schwarzer Pfeffer
- 10 schwarze oder grüne Oliven
- 10 Basilikumblätter, fein geschnitten

- 2 Tommes de Chèvre oder Bio-Tomme, je 100 g

1 Bei den Tomaten den Stielansatz ausstechen, Tomaten in Scheiben schneiden.

2 Tomatenscheiben auf Tellern anrichten, mit Balsamico und Olivenöl oder Rapsöl beträufeln, würzen, mit Oliven und Basilikum garnieren.

3 Tommes in einer beschichteten Bratpfanne auf beiden Seiten kurz erwärmen, bis sie weich sind, mit frisch gemahlenem schwarzem Pfeffer würzen. Tommes auf dem Tomatensalat anrichten.

Mahlzeit

Je nach Appetit mit geröstetem Brot servieren oder solo als leichte Mahlzeit.

Ballaststoffe gesamt (g)	**2**
Eiweiss (g)	**22**
Fett (g)	**61**
Kilojoule (kJ)	**2775**
Kilokalorien (kcal)	**662**
Kohlenhydrate (g)	**8**
gesättigte Fettsäuren (g)	**19**
einfach ungesättigte Fettsäuren (g)	**34,4**
mehrfach ungesättigte Fettsäuren (g)	**4,6**
Natrium (mg)	**1393**

Minipizzas

für 8 Minipizzas, je nach Grösse

- 1 Portion Focacciateig, Seite 82

Belag

- in Öl eingelegte Artischockenherzen
- Tomatenscheiben
- 1 Kugel (150 g) Mozzarella di Bufala, von Hand zerpflückt
- schwarze Oliven, nach Belieben
- getrockneter Oregano
- Meersalz

- Olivenöl

1 Den Hefeteig fingerdick ausrollen, Rondellen von 8 bis 10 cm Durchmesser ausstechen, auf ein mit Backpapier belegtes Blech legen. Teigrondellen mit Olivenöl einpinseln, Artischocken, Tomaten und Mozzarella darauflegen, leicht salzen und mit Oregano bestreuen, wenig Olivenöl darüberträufeln.

2 Die Minipizzas im vorgeheizten Ofen bei 220 °C 10 bis 15 Minuten backen.

Mahlzeit

Mit einem bunten Blattsalat servieren.

Ballaststoffe gesamt (g)	**15**
Eiweiss (g)	**32**
Fett (g)	**45**
Kilojoule (kJ)	**3336**
Kilokalorien (kcal)	**797**
Kohlenhydrate (g)	**68**
gesättigte Fettsäuren (g)	**4,4**
einfach ungesättigte Fettsäuren (g)	**21,4**
mehrfach ungesättigte Fettsäuren (g)	**2,9**
Natrium (mg)	**895**

Crostini mit Pilzen

für 2 Personen

- 4 Scheiben Ruchbrot

- 2 EL Olivenöl
- 1 kleine Zwiebel
- 250 g Champignons oder Shiitake
- Meersalz
- frisch gemahlener Pfeffer
- 2 EL gehackte glattblättrige Petersilie

1 Die Zwiebel schälen und fein würfeln. Die Pilze putzen und in Scheiben schneiden.
2 Brotscheiben im Backofen hellbraun rösten.
3 Zwiebeln und Pilze im Olivenöl kräftig anbraten, mit Salz und Pfeffer würzen, Petersilie unterrühren.
4 Die Pilze auf die Toastscheiben verteilen.

Ballaststoffe gesamt (g)	**12**
Eiweiss (g)	**11**
Fett (g)	**16**
Kilojoule (kJ)	**1476**
Kilokalorien (kcal)	**352**
Kohlenhydrate (g)	**40**
gesättigte Fettsäuren (g)	**2,4**
einfach ungesättigte Fettsäuren (g)	**10,8**
mehrfach ungesättigte Fettsäuren (g)	**2,1**
Natrium (mg)	**827**

Bunter Gemüsespiess

für 2 Personen

- 600–800 g Gemüse, je nach Saison und Verträglichkeit, z. B. Zucchino, Aubergine, Kürbis, Peperoni/Gemüsepaprika, Champignons
- frische Lorbeerblätter, nach Belieben

Marinade

- 3 Salbeiblätter, in Streifchen
- wenig frischer oder getrockneter Thymian und Majoran
- wenig Zitronensaft
- Sojasauce
- Olivenöl
- frisch gemahlener Pfeffer
- Kräutermeersalz
- 1 Msp Curry

1 Gemüse bei Bedarf, z. B. den Kürbis, schälen und in mundgerechte Stücke schneiden, die Pilze je nach Grösse ganz lassen.

2 Marinade in einer grossen Schüssel zubereiten. Gemüse zugeben, mischen, 30 Minuten marinieren.

3 Den Backofen auf 200 °C vorheizen.

4 Gemüse, Pilze und Lorbeerblätter auf Spiesschen stecken, auf ein mit Backpapier belegtes Blech legen. Im Backofen bei 200 °C 20 bis 25 Minuten backen, bis das Gemüse weich ist, eventuell mit Folie abdecken.

Mahlzeit

Mit Salat und einer Joghurt-Kräuter-Sauce und je nach Appetit mit Risotto, Seite 100, servieren.

Variante

Zusätzlich einige mit Sojasauce marinierte Tofu- oder Pouletbrustwürfel auf die Spiesschen reihen.

Ballaststoffe gesamt (g)	**11**
Eiweiss (g)	**7**
Fett (g)	**1**
Kilojoule (kJ)	**431**
Kilokalorien (kcal)	**103**
Kohlenhydrate (g)	**15**
gesättigte Fettsäuren (g)	**0,2**
einfach ungesättigte Fettsäuren (g)	**0,1**
mehrfach ungesättigte Fettsäuren (g)	**0,6**
Natrium (mg)	**415**

Mahlzeiten mit Fisch

Kabeljau auf grünem Gemüse

für 2 Personen

- 400 g Kabeljaubäggli oder Thunfisch
- 2–3 EL grob gehackte glattblättrige Petersilie
- 2–4 EL Mehl
- Meersalz
- frisch gemahlener Pfeffer
- Olivenöl
- Zitronenschnitze

Gemüse

- 1–2 EL Olivenöl oder kalt gepresstes Rapsöl
- 100 g Kefen/Zuckerschoten
- ½ Bund Grünspargel
- 1 kleiner Brokkoli, in Röschen
- 1 Handvoll Sojasprossen
- 1 kleine Lauchstange
- 1 dl/100 ml Gemüsebrühe
- 1–2 EL Sojasauce

1 Bei den Kefen Stielansatz wegschneiden, gleichzeitig zähen Faden abziehen. Das untere Drittel beim Spargel schälen, Schnittstelle 2 bis 3 cm kürzen, Stangen quer halbieren. Beim Lauch die äusseren Blätter entfernen, den Lauch in 4 Stücke schneiden.

2 Kefen, Spargel, Brokkoli, Sojasprossen und Lauch im Olivenöl andünsten, mit der Gemüsebrühe und der Sojasauce ablöschen, bei schwacher Hitze knackig dünsten, 5 bis 8 Minuten.

3 Für die Fischpanade Petersilie und Mehl in einem Suppenteller mischen, mit Salz und Pfeffer würzen. Kabeljau in 4 Portionen teilen und in der Panade wenden. In einer beschichteten Bratpfanne in wenig Olivenöl beidseitig kurz braten. Der Fisch darf auf keinen Fall austrocknen.

4 Kabeljau auf dem Gemüse anrichten. Mit Zitronenschnitz garnieren.

Ballaststoffe gesamt (g)	**13**
Eiweiss (g)	**51**
Fett (g)	**34**
Kilojoule (kJ)	**2762**
Kilokalorien (kcal)	**660**
Kohlenhydrate (g)	**36**
gesättigte Fettsäuren (g)	**5**
einfach ungesättigte Fettsäuren (g)	**22**
mehrfach ungesättigte Fettsäuren (g)	**4,9**
Natrium (mg)	**847**

Crostini mit Avocado und Sardinen

für 2 Personen

- 8 Scheiben dunkle Baguette oder längliches Ruchbrot

- 2 reife Tomaten
- 1 reife Avocado
- 8 in Öl eingelegte Sardinen
- wenig Zitronensaft
- Meersalz
- frisch gemahlener Pfeffer
- 2–4 EL Olivenöl, zum Beträufeln

- glattblättrige Petersilie

1 Die Brotscheiben im Backofen hellbraun rösten.
2 Bei den Tomaten den Stielansatz ausstechen, in Scheiben schneiden. Avocado schälen, halbieren, den Stein entfernen, Avocadohälften in Schnitze schneiden.
3 Die getoasteten Brotscheiben mit je einer Tomatenscheibe, einem Avocadoschnitz und einer Sardine belegen (mit Zahnstocher fixieren), mit Zitronensaft beträufeln, würzen, mit Olivenöl beträufeln und mit Petersilie garnieren.

Mahlzeit

Mit einem bunten Salat oder einer Suppe servieren.

Gesundheit

Sardinen sind reich an Omega-3-Fettsäuren. Die Avocados enthalten wie das Olivenöl viel Ölsäure.

Ballaststoffe gesamt (g)	**7**
Eiweiss (g)	**19**
Fett (g)	**69**
Kilojoule (kJ)	**3320**
Kilokalorien (kcal)	**793**
Kohlenhydrate (g)	**27**
gesättigte Fettsäuren (g)	**10,8**
einfach ungesättigte Fettsäuren (g)	**47,1**
mehrfach ungesättigte Fettsäuren (g)	**7,5**
Natrium (mg)	**673**

Fischburger

für 6 Burger

- 250 g Fischfilets, z. B. Zander oder Bio-Lachs oder Thunfisch
- 1 Ei
- 2 EL gehackte glattblättrige Petersilie
- wenig zerriebener getrockneter Peperoncino, nach Belieben
- 2 EL Dinkelmehl
- Meersalz
- frisch gemahlener Pfeffer

- 2 EL Olivenöl, zum Braten

1 Die Fischfilets in Stücke schneiden, mit Ei, Petersilie, Peperoncino und Mehl im Cutter kurz mixen, mit Salz und Pfeffer abschmecken.

2 Das Olivenöl in einer beschichteten Bratpfanne bei mittlerer Hitze erwärmen. Fischmasse mit dem Eisportionierer abstechen, in die Bratpfanne geben und die Fischburger bei mittlerer Hitze auf beiden Seiten je 5 Minuten braten.

Mahlzeit

Mit einem gemischten Salat und je nach Appetit zusätzlich gedämpftes Gemüse servieren.

Variante

Fisch durch Pouletbrust ersetzen.

Ballaststoffe gesamt (g)	**1**
Eiweiss (g)	**10**
Fett (g)	**7**
Kilojoule (kJ)	**476**
Kilokalorien (kcal)	**114**
Kohlenhydrate (g)	**4**
gesättigte Fettsäuren (g)	**1,1**
einfach ungesättigte Fettsäuren (g)	**4,1**
mehrfach ungesättigte Fettsäuren (g)	**0,7**
Natrium (mg)	**164**

Thunfischcreme

für 2 Personen

- Dose Thunfisch, 150 g Einfüllgewicht
- 5 Basilikumblätter oder glattblättrige Petersilie
- 3–4 EL Olivenöl oder kalt gepresstes Rapsöl
- frisch gemahlener Pfeffer
- 10–15 Kapern
- 12 in Öl eingelegte entsteinte schwarze Oliven
- Kräuter, für die Garnitur

Thunfisch abtropfen lassen, mit Kräutern und Olivenöl oder Rapsöl pürieren, mit Pfeffer abschmecken, Kapern und Oliven unterrühren.

Tipp

Brotaufstrich für geröstetes Brot (Crostini). Mit Kräutern garnieren.

Mahlzeit

Mit einem Salat eine vollwertige Mahlzeit.

Ballaststoffe gesamt (g)	**2**
Eiweiss (g)	**14**
Fett (g)	**50**
Kilojoule (kJ)	**2179**
Kilokalorien (kcal)	**520**
Kohlenhydrate (g)	**4**
gesättigte Fettsäuren (g)	**9**
einfach ungesättigte Fettsäuren (g)	**31,7**
mehrfach ungesättigte Fettsäuren (g)	**6,9**
Natrium (mg)	**612**

Felchenfilets in der Folie gebacken

für 2 Personen

- 400 g Fischfilets, Felchen, Zander oder Barsch
- Kräutermeersalz
- frisch gemahlener Pfeffer
- glattblättrige Petersilie
- 1 Zitrone, in feinen Scheiben
- 2–4 EL Olivenöl oder kalt gepresstes Rapsöl

1 Fischfilets mit Kräutersalz und Pfeffer würzen, auf zwei grosse, leicht eingefettete Alufolien legen, mit den abgezupften Petersilienblättchen und ein paar Zitronenscheiben belegen, Olivenöl darüberträufeln, die Folie einschlagen. Die Alupäckchen in eine feuerfeste Form legen.

2 Fischfilets im vorgeheizten Backofen bei 180 °C 15 Minuten dünsten.

Tipp

Mit Schalen- oder Ofenkartoffeln, Seite 90, oder Risotto, Seite 100, und einem gemischten Salat servieren.

Ballaststoffe gesamt (g)	**0**
Eiweiss (g)	**39**
Fett (g)	**31**
Kilojoule (kJ)	**1860**
Kilokalorien (kcal)	**444**
Kohlenhydrate (g)	**2**
gesättigte Fettsäuren (g)	**4,7**
einfach ungesättigte Fettsäuren (g)	**21,7**
mehrfach ungesättigte Fettsäuren (g)	**3,2**
Natrium (mg)	**483**

Bohnensalat mit Thunfisch

für 2 Personen

- 200 g gekochte weisse Bohnen, Seite 150
- 1 kleine rote Zwiebel, fein gewürfelt
- 10 Cherrytomaten oder
  3–4 getrocknete Tomaten
- 100 g weisser Thunfisch,
  in Wasser eingelegt

Sauce

- 1 EL Balsamico
- 1 EL Weissweinessig oder Zitronensaft
- 4 EL Olivenöl oder kalt gepresstes Rapsöl
- 2 EL gehackte glattblättrige Petersilie
- frisch gemahlener Pfeffer
- Salz

- Cicorino rosso, für die Garnitur
- Rucola, für die Garnitur

1 Sauce zubereiten, mit Salz und Pfeffer würzen.

2 Bohnen, Zwiebeln, halbierte Cherrytomaten oder in Streifchen geschnittene getrocknete Tomaten und zerpflückten Thunfisch mit der Sauce mischen. Auf dem Blattsalat anrichten. Mit Rucola garnieren.

Tipps

Der Salat kann auch ohne Fisch zubereitet werden. Gut zu weissen Bohnen schmecken auch eingelegte schwarze Oliven.

Ballaststoffe gesamt (g)	**9**
Eiweiss (g)	**22**
Fett (g)	**38**
Kilojoule (kJ)	**2204**
Kilokalorien (kcal)	**526**
Kohlenhydrate (g)	**23**
gesättigte Fettsäuren (g)	**6,8**
einfach ungesättigte Fettsäuren (g)	**23,4**
mehrfach ungesättigte Fettsäuren (g)	**5,9**
Natrium (mg)	**423**

Thunfischspiess mit Cherrytomaten und Zitronen

für 2–4 Spiesschen, je nach Grösse

- 400 g rosa Thun- oder Schwertfisch
- 12–15 Cherrytomaten
- 6 Knoblauchzehen
- einige frische Lorbeerblätter, nach Belieben
- 1 unbehandelte Zitrone

Marinade

- 1 Zitrone, Saft
- 1 Knoblauchzehe, durchgepresst
- frischer Oregano oder Majoran
- 2–4 EL Olivenöl oder kalt gepresstes Rapsöl
- 1 Msp fein gehackter roter Peperoncino, nach Belieben
- Salz

Peperonisauce

- 1 EL fein gehackte grüne Oliven, nach Belieben
- je 1 rote und gelbe Peperoni/Gemüsepaprika
- 1 EL Kapern
- 3 EL Olivenöl oder kalt gepresstes Rapsöl
- 1–2 EL fein gehackte glattblättrige Petersilie
- Meersalz
- frisch gemahlener Pfeffer

1 Die Marinade zubereiten.
2 Thunfisch in Würfel schneiden, mit der Marinade beträufeln, 1 Stunde marinieren.
3 Für die Sauce Peperoni im Ofen bei 220 °C etwa 30 Minuten backen, bis die Haut fast schwarz ist und Blasen wirft. Peperoni mit feuchtem Tuch bedecken, abkühlen lassen, Peperoni schälen, halbieren, Stielansatz und Kerne entfernen, Hälften fein hacken, mit den restlichen Zutaten mischen, mit Salz und Pfeffer abschmecken.
4 Knoblauchzehen in wenig Salzwasser 4 Minuten kochen, bis sie bissfest sind, schälen. Zitrone beidseitig kappen, in 3 bis 4 Scheiben schneiden und vierteln.
5 Fischwürfel, Tomaten, Knoblauch, Lorbeerblätter und Zitronenstückchen auf Spiesschen reihen.
6 Die Fischspiesschen auf dem Grill oder in einer Grillpfanne oder im Backofen bei 250 °C Grad Ober- und Unterhitze oder 220 °C Umluft 10 Minuten braten.

Peperonisauce

Passt hervorragend zu Pasta oder als Aufstrich zu Crostini (geröstete Brotscheiben).

Ballaststoffe gesamt (g)	**9**
Eiweiss (g)	**50**
Fett (g)	**85**
Kilojoule (kJ)	**4429**
Kilokalorien (kcal)	**1058**
Kohlenhydrate (g)	**24**
gesättigte Fettsäuren (g)	**17,4**
einfach ungesättigte Fettsäuren (g)	**46,1**
mehrfach ungesättigte Fettsäuren (g)	**15,7**
Natrium (mg)	**875**

Bohnensalat mit Wildlachs

für 2 Personen

- 50 g getrocknete weisse Bohnen (150 g gekochte)
- 1 Lorbeerblatt
- ½ rote Peperoni/Gemüsepaprika
- 100 g geräucherter Wildlachs, gewürfelt

Marinade

- 2 EL Olivenöl oder kalt gepresstes Rapsöl
- 2 EL Rotweinessig
- 1 EL gehackte glattblättrige Petersilie
- 1 Knoblauchzehe
- frisch gemahlener Pfeffer
- Salz

1 Bohnen über Nacht im Wasser einweichen, am nächsten Tag abgiessen, mit frischem Wasser und Lorbeer aufsetzen, Bohnen bei mittlerer Hitze weich garen, 60 Minuten, abgiessen und unter kaltem Wasser abschrecken, Lorbeerblatt entfernen.

2 Peperoni entkernen, Stielansatz entfernen, das Fruchtfleisch in kleine Würfel schneiden.

3 Bohnen, Peperoni und Wildlachs mit der Marinade mischen, etwa 15 Minuten ziehen lassen.

Ballaststoffe gesamt (g)	**6**
Eiweiss (g)	**16**
Fett (g)	**19**
Kilojoule (kJ)	**1204**
Kilokalorien (kcal)	**288**
Kohlenhydrate (g)	**14**
gesättigte Fettsäuren (g)	**3,1**
einfach ungesättigte Fettsäuren (g)	**12**
mehrfach ungesättigte Fettsäuren (g)	**2,6**
Natrium (mg)	**791**

Thunfisch-Tatar

für 2 Personen

- Cicorino rosso/Radicchio di Verona
- Dinkelbaguette, in Scheiben

- 400 g ganz frisches, rohes Thunfischfilet
- 1 Zitrone, Saftmenge nach Belieben
- Meersalz
- frisch gemahlener Pfeffer
- 2 EL gehackte glattblättrige Petersilie
- 2 EL Olivenöl oder kalt gepresstes Rapsöl

1 Thunfisch mit einem scharfen Messer fein hacken oder gut gekühlt ganz kurz in einem scharfen Cutter mit den anderen Zutaten fein hacken. Tatar mit beliebig viel Zitronensaft vermengen, mit Salz und Pfeffer würzen, mit Petersilie und Olivenöl oder Rapsöl abrunden.

2 Das Tatar auf Blättern von Cicorino rosso/ Radicchio di Verona oder auf leicht geröstetem Dinkelbrot anrichten.

Mahlzeit

Mit Spinatsalat, Seite 80, oder einem beliebigen Salat servieren.

Varianten

Statt mit Thunfisch das Tatar mit sehr frischem Schwertfisch oder mit rohem Wildlachs (Zuchtlachs ist zu fettig) zubereiten. Oder Fisch durch mageres gehacktes Bio-Rindfleisch ersetzen.

Gesundheit

Fisch enthält die wertvollen Omega-3-Fettsäuren; sie zählen zu den essentiellen/lebenswichtigen Fettsäuren.

Ballaststoffe gesamt (g)	**3**
Eiweiss (g)	**47**
Fett (g)	**45**
Kilojoule (kJ)	**2563**
Kilokalorien (kcal)	**613**
Kohlenhydrate (g)	**4**
gesättigte Fettsäuren (g)	**11,5**
einfach ungesättigte Fettsäuren (g)	**18,4**
mehrfach ungesättigte Fettsäuren (g)	**11,7**
Natrium (mg)	**474**

Mahlzeiten mit Fleisch

Hackfleischburger mit Bratkartoffeln

für 4–6 Burger

- 300 g gehacktes Bio-Rindfleisch
- 50 g mehliges Kürbisfleisch oder Zucchini, fein gerieben (Bircherreibe)
- ½ Ei
- 2 EL gehackte Petersilie oder Majoran
- Kräutermeersalz
- frisch gemahlener Pfeffer
- wenig Mehl oder Paniermehl
- wenig Olivenöl, zum Braten

Bratkartoffeln

- 300 g Kartoffeln
- Kräutermeersalz
- gehackte Kräuter
- 2 EL Olivenöl

1 Kartoffeln schälen und in kleine Würfel schneiden. In eine mit Backpapier belegte Form verteilen, mit Salz und Kräutern würzen, Olivenöl darüberträufeln. Im vorgeheizten Backofen bei 200 °C etwa 15 Minuten backen.

2 Fleisch, Kürbis, Ei und Petersilie gut vermengen, mit Kräutersalz und Pfeffer würzen, mit wenig Mehl oder Paniermehl 4 bis 6 Burger formen, in einer beschichteten Bratpfanne im Olivenöl bei mittlerer Hitze beidseitig braten.

Abbildung Seite 153

Ballaststoffe gesamt (g)	**5**
Eiweiss (g)	**37**
Fett (g)	**37**
Kilojoule (kJ)	**2549**
Kilokalorien (kcal)	**608**
Kohlenhydrate (g)	**31**
gesättigte Fettsäuren (g)	**9,5**
einfach ungesättigte Fettsäuren (g)	**22,6**
mehrfach ungesättigte Fettsäuren (g)	**3,1**
Natrium (mg)	**866**

Kürbiscurry mit Lammfleisch

für 2 Personen

- 1 EL Olivenöl
- 1 kleine Zwiebel, fein gewürfelt
- 1 Knoblauchzehe, fein gewürfelt
- 1 grüne Peperoni/Gemüsepaprika
- 500–600 g festes Kürbisfleisch, z. B. Musacade de Provence, Butternut, Acorn
- 1 TL milder Curry
- wenig frischer oder getrockneter Thymian
- ca. 2 dl/200 ml Gemüsebrühe

- 1 TL Olivenöl
- 200–240 g Lammfilet
- Meersalz
- frisch gemahlener schwarzer Pfeffer
- 1 Prise milder Curry

1 Das Kürbisfleisch in 2 cm grosse Würfel schneiden. Peperoni halbieren, Stielansatz und Kerne entfernen, Hälften in kleine Quadrate schneiden.

2 Zwiebeln und Knoblauch im Olivenöl andünsten, Peperoni zufügen und mitdünsten, Kürbis nur kurz mitdünsten. Curry und Thymianblättchen unterrühren, Gemüsebrühe zugeben, bei schwacher Hitze köcheln, bis der Kürbis weich ist. Nicht zu oft rühren, sonst zerfallen die Kürbiswürfel.

3 Das Lammfilet in Würfel schneiden und im Olivenöl kräftig braten, mit Salz und Pfeffer würzen.

4 Kürbisgemüse und Fleisch mischen, anrichten.

Ballaststoffe gesamt (g)	**10**
Eiweiss (g)	**40**
Fett (g)	**17**
Kilojoule (kJ)	**1661**
Kilokalorien (kcal)	**397**
Kohlenhydrate (g)	**20**
gesättigte Fettsäuren (g)	**3,6**
einfach ungesättigte Fettsäuren (g)	**9,6**
mehrfach ungesättigte Fettsäuren (g)	**2,7**
Natrium (mg)	**1017**

Poulet-Zucchini-Spiess mit Mischgemüse

für 2 Personen

- 2 Pouletbrustfilets
- 2 Zucchini

Marinade

- 1 unbehandelte Zitrone, wenig abgeriebene Schale
- 2 EL fein gehackte Kräuter, z. B. Rosmarin, Thymian, Majoran
- 4 EL Olivenöl
- Kräutermeersalz
- frisch gemahlener Pfeffer

Buntes Mischgemüse

- 2 EL Olivenöl oder kalt gepresstes Rapsöl
- 1 mittelgrosser Kohlrabi
- 2 mittelgrosse Karotten
- 1 Zucchino
- Gemüsebrühe
- 1–2 Handvoll Spinatblätter, nach Belieben
- 2 EL fein gehackte Petersilie, nach Belieben

1 Das Pouletfleisch in grosse Würfel schneiden. Die Zucchini beidseitig kappen und in 2 cm dicke Scheiben schneiden, über Dampf 2 Minuten vorgaren.

2 Die Marinade zubereiten, mit Kräutersalz und Pfeffer würzen.

3 Die Pouletbrustwürfel und die Zucchinischeiben abwechselnd auf die Spiesschen stecken, mit der Marinade bepinseln, 15 Minuten marinieren.

4 Für das Mischgemüse Kohlrabi und Karotten schälen, in Stängelchen schneiden. Zucchini beidseitig kappen, in Stängelchen schneiden. Das Gemüse im Olivenöl andünsten, ein wenig Gemüsebrühe zugeben, knackig garen, den Spinat unterrühren und zusammenfallen lassen. Mit der Petersilie abschmecken.

5 Spiesschen in einer beschichteten Bratpfanne bei mittlerer Hitze rundum braten oder im Ofen bei 220 °C 15 Minuten braten.

Mahlzeit

Je nach Appetit mit Ofenkartoffeln, Seite 90, oder Risotto, Seite 100, oder einem Blattsalat servieren.

Ballaststoffe gesamt (g)	**12**
Eiweiss (g)	**81**
Fett (g)	**50**
Kilojoule (kJ)	**3535**
Kilokalorien (kcal)	**845**
Kohlenhydrate (g)	**18**
gesättigte Fettsäuren (g)	**7,7**
einfach ungesättigte Fettsäuren (g)	**33,2**
mehrfach ungesättigte Fettsäuren (g)	**6,2**
Natrium (mg)	**834**

Kaninchenfleisch an Zitronensauce

für 2 Personen

- 1–2 EL Olivenöl
- 4 Kaninchenfilets oder
  2 Pouletbrustfilets, etwa 300 g
- 1 junger Rosmarinzweig, Nadeln sehr fein gehackt

Zitronensauce

- 4–6 EL Olivenöl
- 1 kleine Zitrone, Saft
- ½ Bund glattblättrige Petersilie, fein gehackt
- 2 Knoblauchzehen, fein gehackt
- einige schwarze Oliven, fein gehackt
- 2 getrocknete Tomaten, in Streifchen
- Meersalz
- frisch gemahlener Pfeffer

1 Kaninchenfilets mit Salz, Pfeffer und Rosmarinnadeln würzen.
2 Den Backofen auf 80 °C vorheizen.
3 Die Kaninchenfilets in Stücke schneiden, in der Bratpfanne im Olivenöl rundum kräftig anbraten, in eine Schüssel geben, im Ofen warm stellen.
4 Für die Sauce Olivenöl, Zitronensaft, Petersilie, Knoblauch, Oliven und Tomaten erwärmen, mit Salz und Pfeffer abschmecken, mit dem Fleisch anrichten.

Mahlzeit

Mit Risotto (Seite 100) servieren.

Ballaststoffe gesamt (g)	**1**
Eiweiss (g)	**132**
Fett (g)	**78**
Kilojoule (kJ)	**5228**
Kilokalorien (kcal)	**1249**
Kohlenhydrate (g)	**4**
gesättigte Fettsäuren (g)	**14**
einfach ungesättigte Fettsäuren (g)	**48,2**
mehrfach ungesättigte Fettsäuren (g)	**9,6**
Natrium (mg)	**688**

Desserts

Heidelbeerquark

für 2 Personen

- 300 g Vollmilchquark
- 2–3 EL Akazienblütenhonig
- 1 Msp Vanillepulver
- 150 g frische oder gefrorene Heidelbeeren
- einige Baumnuss-/Walnusskerne, grob gehackt, nach Belieben

Den Quark mit dem Akazienblütenhonig und dem Vanillepulver glatt rühren. Die Heidelbeeren unterrühren. Mit den Nüssen bestreuen.

Variante

Heidelbeeren durch Himbeeren oder andere Früchte ersetzen.

Ballaststoffe gesamt (g)	**4**
Eiweiss (g)	**15**
Fett (g)	**19**
Kilojoule (kJ)	**1455**
Kilokalorien (kcal)	**348**
Kohlenhydrate (g)	**28**
gesättigte Fettsäuren (g)	**9,7**
einfach ungesättigte Fettsäuren (g)	**5,2**
mehrfach ungesättigte Fettsäuren (g)	**3**
Natrium (mg)	**62**

Erdbeeren an Rotweinmarinade

für 2 Personen

- 300–400 g süsse Erdbeeren
- 3 dl/300 ml fruchtiger Rotwein
- wenig Cassislikör, nach Belieben
- 2–4 EL Vollrohrzucker
- 1 Zimtstange
- 2 Gewürznelken
- 1 unbehandelte Orange, wenig abgeriebene Schale, oder einige Tropfen Orangen- oder Rosenblütenwasser

1 Rotwein mit Cassislikör, Zucker, Gewürzen und Orangenschalen bei schwacher Hitze 5 Minuten kochen, auskühlen.

2 Erdbeeren je nach Grösse halbieren oder vierteln, in Schalen oder Suppentellern anrichten. Rotweinmarinade darübergiessen, 10 Minuten stehen lassen.

Variante

Erdbeeren durch erntefrische Feigen oder durch Pfirsiche ersetzen.

Abbildung Seite 161

Ballaststoffe gesamt (g)	**4**
Eiweiss (g)	**2**
Fett (g)	**1**
Kilojoule (kJ)	**1245**
Kilokalorien (kcal)	**297**
Kohlenhydrate (g)	**45**
gesättigte Fettsäuren (g)	**0**
einfach ungesättigte Fettsäuren (g)	**0,1**
mehrfach ungesättigte Fettsäuren (g)	**0,5**
Natrium (mg)	**38**

Fruchtsalat mit Datteln

für 2 Personen

- 1 Orange
- 1 kleine Banane
- 1–2 Kiwis
- 1 kleine Mango
- 5 Datteln
- 1 EL flüssiger Honig
- 1 EL Kirsch

- einige grob gehackte Baumnuss-/Walnusskerne

1 Die Orange grosszügig schälen, auch die weisse Haut entfernen, Fruchtfilets aus den Trennhäutchen lösen, Saft auffangen, Fruchtfilets entkernen. Die Banane in Scheiben schneiden. Kiwis schälen und in Scheiben schneiden. Die Mango schälen, das Fruchtfleisch vom Stein schneiden und würfeln. Die Datteln entsteinen und grob hacken.

2 Honig und Kirsch mit aufgefangenem Orangensaft verrühren. Die Früchte zufügen, mischen, etwa 15 Minuten marinieren.

3 Fruchtsalat anrichten, Nüsse darüberstreuen.

Ballaststoffe gesamt (g)	**11**
Eiweiss (g)	**5**
Fett (g)	**5**
Kilojoule (kJ)	**1594**
Kilokalorien (kcal)	**380**
Kohlenhydrate (g)	**71**
gesättigte Fettsäuren (g)	**0,7**
einfach ungesättigte Fettsäuren (g)	**0,9**
mehrfach ungesättigte Fettsäuren (g)	**2,5**
Natrium (mg)	**13**

Marinierte Feigen mit Crème fraîche

für 2 Personen

- 6 frische, reife Feigen
- 2 EL Akazienblütenhonig
- 2 EL Marsala
- 1 Prise Zimtpulver
- 4 EL Crème fraîche

1 Bei den Feigen den Stielansatz entfernen, Feigen halbieren, auf eine Platte legen, mit Akazienblütenhonig und Marsala beträufeln. Im Kühlschrank 2 bis 3 Stunden marinieren.

2 Die Feigen mit einer Prise Zimt bestreuen, mit der Crème fraîche garnieren.

Ballaststoffe gesamt (g)	**1**
Eiweiss (g)	**1**
Fett (g)	**7**
Kilojoule (kJ)	**668**
Kilokalorien (kcal)	**160**
Kohlenhydrate (g)	**20**
gesättigte Fettsäuren (g)	**4,1**
einfach ungesättigte Fettsäuren (g)	**2,1**
mehrfach ungesättigte Fettsäuren (g)	**0,4**
Natrium (mg)	**12**

Dinkelgriessköpfchen mit Kiwis und Sanddornsauce

für 2 Silikon-Gugelhupfförmchen

- 4 dl/400 ml Milch
- wenig abgestreiftes Vanillemark
- 1 Prise Meersalz
- 40 g Dinkelvollkorngriess
- 10 g weiche Butter
- 1 EL Rohrohrzucker
- 1½ EL Sultaninen, nach Belieben

- 2 Kiwis
- 1½ dl/150 ml Sanddornsauce

1 Milch, Vanillemark und Salz aufkochen, Griess einrieseln lassen, bei schwacher Hitze unter Rühren 15 bis 20 Minuten köcheln lassen. Butter, Zucker und Sultaninen unterrühren, Griess in die Förmchen füllen. Auskühlen lassen. Erst am folgenden Tag stürzen.

2 Die Sanddornsauce auf Teller verteilen, Griessköpfchen darauf stürzen. Kiwis schälen und in Würfelchen schneiden, um das Griessköpfchen verteilen.

Variante

Die Sanddornsauce durch frische oder gefrorene, pürierte Beeren/Früchte ersetzen. Mit Akazienblütenhonig und wenig Schlagrahm abrunden.

Ballaststoffe gesamt (g)	**3**
Eiweiss (g)	**11**
Fett (g)	**14**
Kilojoule (kJ)	**1523**
Kilokalorien (kcal)	**363**
Kohlenhydrate (g)	**44**
gesättigte Fettsäuren (g)	**7,1**
einfach ungesättigte Fettsäuren (g)	**3,8**
mehrfach ungesättigte Fettsäuren (g)	**1**
Natrium (mg)	**490**

Himbeer-Brombeer-Schale mit Ricotta

für 2 Personen

- 130 g Himbeeren
- 130 g Brombeeren
- 2 EL Akazienblütenhonig
- 1 Prise Vanillepulver
- einige Tropfen Zitronensaft
- 100 g Ricotta
- Minze, für die Garnitur

1 Honig, Vanillepulver und Zitronensaft glatt rühren, Beeren zufügen, 15 Minuten marinieren.
2 Vom Ricotta mit dem Eisportionierer zwei Kugeln formen, in die Schalen geben, Himbeer-Brombeer-Mix rundum anrichten. Mit der Minze garnieren.

Ballaststoffe gesamt (g)	**9**
Eiweiss (g)	**6**
Fett (g)	**8**
Kilojoule (kJ)	**733**
Kilokalorien (kcal)	**175**
Kohlenhydrate (g)	**16**
gesättigte Fettsäuren (g)	**0,1**
einfach ungesättigte Fettsäuren (g)	**0,1**
mehrfach ungesättigte Fettsäuren (g)	**0,5**
Natrium (mg)	**4**

Mango-Carpaccio mit Nusskruste

für 2 Personen

- 1 reife Mango
- 2 EL grob gehackte Baumnuss-/Walnusskerne
- 2 EL Grand Marnier
- 1–2 EL Akazienblütenhonig

1 Mango schälen, das Fruchtfleisch in feinen Scheiben vom Stein schneiden, anrichten.
2 Baumnüsse, Grand Marnier und Honig mischen, über die Mangoscheiben verteilen. Mit einer essbaren Blüte, zum Beispiel einer Rosenblüte, garnieren.

Ballaststoffe gesamt (g)	**3**
Eiweiss (g)	**3**
Fett (g)	**10**
Kilojoule (kJ)	**1181**
Kilokalorien (kcal)	**282**
Kohlenhydrate (g)	**36**
gesättigte Fettsäuren (g)	**1,2**
einfach ungesättigte Fettsäuren (g)	**1,8**
mehrfach ungesättigte Fettsäuren (g)	**6,5**
Natrium (mg)	**9**

Pfirsich-Erdbeer-Salat mit Mascarpone

für 2 Personen

- 2 Pfirsiche
- 150 g Erdbeeren
- 1 EL Akazienblütenhonig
- 1 Msp Vanillemark

- 2 EL Mascarpone
- 1 Prise Zimtpulver
- wenig Akazienblütenhonig oder Ahornsirup

- grob gehackte Haselnüsse

1 Pfirsiche halbieren, entsteinen, Fruchthälften in feine Scheiben schneiden. Erdbeeren entstielen und in Scheiben schneiden. Früchte mit Akazienblütenhonig und Vanillemark mischen, anrichten.

2 Mascarpone, Zimt und Akazienblütenhonig verrühren, über die Früchte verteilen, mit den grob gehackten Haselnüssen garnieren.

Ballaststoffe gesamt (g)	**5**
Eiweiss (g)	**3**
Fett (g)	**9**
Kilojoule (kJ)	**800**
Kilokalorien (kcal)	**192**
Kohlenhydrate (g)	**24**
gesättigte Fettsäuren (g)	**0,3**
einfach ungesättigte Fettsäuren (g)	**2,5**
mehrfach ungesättigte Fettsäuren (g)	**0,5**
Natrium (mg)	**4**

Register

Testen Sie Ihr Ernährungsverhalten

Der folgende Test hilft Ihnen herauszufinden, wie gesund Sie sich ernähren.

1. Wie viel Flüssigkeit in Form von Getränken nehmen Sie pro Tag zu sich?

- weniger als 1 Liter **0**
- 1 bis 2 Liter **2**

2. Wie häufig essen Sie frisches Obst und/oder Gemüse (inkl. Salate)? 1 Portion entspricht ungefähr einer Handvoll (120 g). 1 Portion pro Tag darf durch 2 dl ungezuckerten Frucht- oder Gemüsesaft abgedeckt werden.

- weniger als 1 Portion täglich **0**
- 1 Portion täglich **1**
- 2 bis 4 Portionen täglich **2**
- 5 Portionen täglich **3**

3. Wie oft essen Sie Vollkornprodukte (Brot, Frühstücksflocken, Vollreis, usw.) oder Hülsenfrüchte?

- 1- bis 2-mal täglich **2**
- 2- bis 3-mal wöchentlich **1**
- selten **0**

4. Kommen verarbeitete Fleischprodukte (Wurst, Aufschnitt, Fleischkäse) bei Ihnen oft auf den Tisch?

- eher selten **2**
- mehrmals wöchentlich **1**
- mindestens 1-mal am Tag **0**

5. Wie häufig essen Sie Fisch?

- praktisch nie **0**
- etwa 2-mal im Monat **2**
- 1- bis 2-mal wöchentlich **3**

6. Achten Sie darauf, nicht zu viel zuckerhaltige Limonaden zu trinken bzw. Torten und Gebäck zu essen?

- Nein, solange es mir schmeckt, ist der Rest egal. **0**
- Manchmal achte ich schon darauf, aber es ist mir nicht so wichtig. **1**
- Ja, ich esse maximal 1-mal am Tag eine kleine Süssigkeit. **2**

7. Wie viele alkoholische Getränke, zum Beispiel Rotwein, Weisswein (ein Glas = 1 dl) oder Bier (ein Glas = 3 dl) oder Schnaps, Likör (1 Glas = 2 cl) trinken Sie täglich?

- Ich trinke keinen Alkohol oder nur gelegentlich ein Glas. 2
- Ich trinke höchstens 1 bis 2 Gläser täglich. 2
- Ich komme bestimmt auf 3 Gläser oder mehr. 0

8. Achten Sie darauf, Ihr Körpergewicht und Ihren Bauchumfang im Normbereich* zu halten?

- Ja, ich versuche mein Körpergewicht und meinen Bauchumfang im gesunden Bereich zu halten. 2
- Ja, ich versuche schon lange vergeblich, mein Übergewicht loszuwerden. 1
- Nein, es ist mir egal, wie schwer ich bin, solange ich gesund bin. 0

9. Wie viel Zeit pro Tag widmen Sie den Hauptmahlzeiten (Morgen-, Mittag- und Abendessen zusammen)?

- kann ich nicht sagen 0
- 1 Stunde, mehr liegt nicht drin 0
- höchstens 2 Stunden am Tag 1
- mit Sicherheit mehr als 2 Stunden täglich 2

Auswertung

Zählen Sie die Punktzahlen der angekreuzten Antworten zusammen.

16 bis 20 Punkte
Ihnen kann man nur gratulieren. Sie ernähren sich vorbildlich. Machen Sie so weiter!

9 bis 15 Punkte
Sie ernähren sich grundsätzlich gut. Allerdings gibt es noch ein paar Verbesserungsmöglichkeiten. Die Lektüre dieses Buches hilft Ihnen, Ihr Essverhalten zu optimieren.

0 bis 8 Punkte
Sie machen sich keine besonderen Gedanken, wenn es ums Essen geht. Sorglosigkeit hat bestimmt auch seine Vorteile. Trotzdem sollten Sie sich etwas mehr mit Ihrem Essverhalten auseinandersetzen. Wenn Sie die Empfehlungen der Schweizerischen Herzstiftung berücksichtigen, wirkt sich dies auf Ihre Gesundheit und Ihr allgemeines Wohlbefinden positiv aus.

Einen ausführlichen Ernährungstest bietet die Schweizerische Gesellschaft für Ernährung (SGE) auf ihrer Website www.sge-ssn.ch an.

* BMI nicht über 25, Bauchumfang nicht mehr als 102 cm bei Männern bzw. 88 cm bei Frauen. BMI-Berechnung: Körpergewicht in Kilogramm: (Körpergrösse in Metern)^2